인터넷으로 홍보하기

INTERNET MARKETING

김영문

집현재

머리말

아름다운 삶, 사랑 그리고 마무리…

1997년 11월에 한국이 경제부도의 위기로 내몰리면서 수많은 직장인들이 정든 회사를 떠나 길거리로 쏟아져 나왔었는데, 그때에 실직자들을 위해 막연히 무엇인가 도움이 되는 일을 해야 하겠다는 생각을 갖고 금훈섭 (주)이야기 대표, 신순희 (주)모든넷 대표, 하태호 사랑넷 대표 등을 만나서 1998년 8월에 한국소호벤처창업협의회(soho.sarang.net)라는 이름으로 모임을 만들었습니다. 무엇인가 거창한 단체를 만들겠다는 생각보다는 삶의 터전을 잃고 희망을 잃어버린 실직자들에게 조그마한 도움이라도 드리고 싶었습니다,

그 이후 1999년 3월에 계명대학교 대명캠퍼스 시청각실에서 대구광역시 곽영길 당시 주임의 도움을 받아서 「'99 소호창업박람회」를 개최하였는데, 아마도 3,000명 정도는 참가한 것으로 기억이 납니다. 부스 40개를 설치하였고 세미나도 진행하였는데, 그 당시 신일희 계명대학교 총장님을 비롯한 참석한 내빈들이

박람회장에 들어가기도 힘들 정도로 많은 예비창업자들이 참석을 하였습니다. 개회사를 하면서 벤허 영화를 감독한 윌리엄 와일러가 시사회에서 말한 "하느님, 이 영화를 정말 제가 만들었습니까?"를 인용하면서 감격해 했던 생각이 아직도 생생합니다.

1999년 10월에는 중소기업청으로부터 한국소호진흥협회(www.sohokorea.org)로 명칭을 변경하여 사단법인 인가를 받았는데, 그 당시에 신민철 사무관께서 사단법인 인가를 받을 생각이 없느냐고 했을 때에 처음에는 거절했던 생각도 납니다. 사단법인을 만들기 위해서 창업분야의 일을 하였던 것도 아니었고, 굳이 사단법인이 필요하지 않았던 것입니다. 그 이후 한두 번 정도 더 전화를 받고서야 사단법인을 만들어서 일을 해야 하겠다는 생각을 하였습니다. 그때에는 소호(soho)라는 말보다는 벤처(venture)라는 말이 더 인기가 있었기 때문에 소호관련 협회를 운영하는 것이 매우 힘들기도 하였습니다.

2001년에는 뉴비즈니스연구소(www.newbiz.or.kr) 사이트를 뜻을 같이 하시는 분들과 함께 개설하였는데, 그것은 생각하는 창업, 연구하는 창업, 뿌리가 있는 창업의 필요성을 느끼면서, 창업도 조사와 연구를 통해서 발전할 수 있다는 것을 알았기 때문입니다. 다른 사람의 아이템을 베끼거나 대충 시작해서는 절대로 성공창업을 보장받을 후 없기 때문입니다. 개인적으로 볼 때에는 뉴비즈니스연구소(www.newbiz.or.kr) 사이트를 오픈하면서 창업관련 조사 및 연구 활동을 활발하게 진행하였습니다. 물론 뉴비즈니스연구소라는 사이트가 설립 취지에 맞게 성공하였다고는 할 수가 없으나 창업분야에서 조사 및 연구가 얼마나 중요한가를 깨닫게 된 계기가 되었습니다.

2003년도에는 저에게 전혀 예상하지 못한 일이 일어났습니다. 그것은 계명대학교 벤처창업보육사업단의 설립을 위해 일을 하였지만, 설립 후 전혀 사업단의 운영에 참여하지 못해 많은 서러움을 갖고 있었던 저에게 사업단장이라는 직책이 맡겨지게 되었습니다. 제가 그 일을 맡게 될 것이라고는 꿈에도 생각하지 않았기에 혼신의 힘을 다해서 열심히 일을 하였다고 자부합니다.

2003년 2월 1일부터 계명대학교 벤처창업보육사업단(www.kubic.co.kr)의 단장으로 일을 하면서 중소기업청 평가에서 대구경북지역 36개 창업보육센터 중에서 유일하게 6년 연속 최우수 평가를 받았습니다. 2005년에는 정부통신부장관 표창을 받았으며, 그해 전국 최우수 창업보육센터장으로 선정되어 산업자원부장관 표창을 받기도 하였습니다. 이러한 업적들은 함께 수고한 박신제 매니저, 정태용 매니저, 차재민 매니저, 김미영 매니저 등 사업단에 근무하는 모든 분들의 수고 때문이라고 생각하며, 고마움을 전하고자 합니다.

이렇게 창업분야의 일을 하다보니 방송과도 인연이 많았습니다. 1999년에는 TBC 라디오 박원달PD와 인연을 맺으면서 「알기 쉬운 경제교실」에 1년 6개월간 출연하였으며, TBC TV의 아침방송에서 이학락PD와 함께 「클릭! 김영문의 인터넷세상」을 6개월

간 진행하였으며, KBS 1라디오에서 김지인 부장과 「창업이 보인다」라는 프로그램 꼭지에 4년 이상 고정 출연을 하고 있습니다.

언론활동 중에서 아마 가장 기억에 남은 방송이라면 당시 KBS 9시뉴스 진행자였던 황현정 아나운서와 서울 여의도에서 소호창업에 대해 2시간 생방송을 했던 것이었습니다. 처음에는 힘들었던 방송이 그 이후에는 너무 쉽게 느껴졌으나 이제는 말 한마디에도 책임감을 느끼는 시간들이 되었습니다. 저의 한 마디로 인해 방송을 보고 듣는 분들에게는 알토란 같이 모은 전 재산을 날릴 수도 있다는 것을 알게 되었기 때문입니다.

2004년 4월 20일에는 사랑나눔재단(www.mis.or.kr)을 예수그리스도의 인도하심으로 설립하여 2006년 2월 22일에 대구광역시로부터 사랑나눔회(www.mis.or.kr, 현재 웹 사이트는 폐쇄하였으며 cafe.daum.net/isoho2jobs에서 통합 운영하고 있음)로 명칭을 변경하여 비영리민간단체(Non-Profit Organization, NPO)로 인가를 받았습니다. 사랑나눔회는 저의 삶에서 가장 중요한 일 중의 하나이기도 하였으며, 거듭나는 삶의 은사를 받는 계기를 마련해 주었습니다.

사실, 1998년부터 무엇 때문에 제가 창업분야의 일을 하게 되었는가에 대해 가끔 스스로에게 궁금하게 생각을 하였는데, 지금 생각해 보면 사랑나눔회를 위한 준비와 훈련을 시키신 것이었다고 생각됩니다. (사)한국소호진흥협회에서 일을 하면서 프랜차이즈 본사와의 갈등이 너무 많아서 협회의 운영에 대해 좌절과 회의가 많았는데, 사랑나눔회에서 봉사를 하면서 나눔의 즐거움과 기쁨의 시간이 너무 많았습니다. 창업이라는 분야에서도 늘 다른 곳에서 방황하다가 이제야 제가 있어야 하는 곳에 왔다는 생각을 하게 되었습니다.

2005년 9월 1일에는 뉴비즈니스연구소 카페(cafe.daum.net/isoho2jobs)를 개설하였는데, 예비창업자들을 위해 매주 창업행사를 개최하며 창업상담도 해 드리는 기회를 만들어 보기 위함이었고, 아울러 사랑나눔회를 운영하기 위한 복지기금이 필요했기 때문이기도 하였습니다. 카페에서 진행하는 행사에 오시는 모든 분들이 사랑나눔회의 아름답고 따뜻한 후원자라는 것을 생각할 때에 그저 감사한 마음뿐입니다. 그 분들의 참가비는 한 푼의 낭비도 없이 예수그리스도께서 보시기에 부끄러움이 없도록 장애인, 모자가정, 교도소 수용자 등의 소외계층과 국내외의 선교사업을 위해 사용되고 있습니다.

2010년 3월 10일에는 대구경북창업카페연합회(cafe.daum.net/isoho2jobs)를 설립하였는데, 그것은 활동의 범위를 대구경북지역으로 한정하여 창업을 해야 하는 분들에게 소박하게 봉사하기 위함이었습니다. 이를 위해 사단법인 한국소호진흥협회 및 여러 관공서의 각종 위원 등을 모두 정리하였습니다. 남은 삶을 한 곳에 헌신하고, 그리고 아름답게 마무리를 하기 위한 마지막 준비라는 생각을 하였습니다.

사실 1998년 8월 이후 창업분야의 일을 하면서 주머니에는 늘

위장약을 갖고 다니면서 복용하였으며, 2003년 5월에 의식을 잃고 택시에 실려 병원에 가기도 하였습니다. 그때에는 식구들도 몰라보게 되었는데, 택시를 타고 병원에 가면서 조금씩 의식을 회복하게 되었습니다.

하지만, 또 다시 2009년 11월 28일 토요일 저녁에 잠을 자다가 뇌출혈로 다시 병원에 가게 되었으며 병원에 도착하자마자 의식을 잃고 뇌수술을 받게 되었습니다. 8일 만에 의식을 다시 찾았으며, 16일간의 중환자실 및 총 27일간의 입원을 통해 겨우 생명을 다시 찾았습니다.

한편, 2011년 3월에는 연구년 기간 중에 창업선도대학 계명대학교 창업지원단의 기술창업육성부장이라는 보직을 발령받았고, 그 해 11월 1일에는 창업지원단장의 보직을 발령받아 2013년 1월 31일까지 일을 하였습니다. 오직 예비창업자들만을 생각하면서 정말로 열심히 일을 하였으며, 2011~2012년의 창업선도대학 사업실적 평가에서 전국 18개의 창업선도대학 중에서 1위를 하였습니다. 하지만, 과로 및 스트레스로 인해 2012년 말에 뇌출혈의 후유증으로 인해 2번이나 쓰러져서 창업지원단장의 직에서 사임을 하고 연구실로 돌아왔습니다. 앞으로 계명대학교에서의 남은 시간들은 교수라는 위치로 온전히 돌아와서 학생들에게는 좋은 강의를 하고, 창업의 모든 분야를 더 깊이 있게 연구하기 위해서 모든 시간을 보내게 될 것입니다.

오랜 시간을 되돌아 가보면, 대학교 3학년 때에 학회장에 출마

하면서 선거유세를 위해 강의실을 다니면서 「不義와 타협하지 않겠습니다.」라는 글자를 칠판에 적은 기억이 납니다. 그때의 그 마음이 아직도 그리고 앞으로도 변치 않기를 다짐하면서, 참으로 어지럽고 혼탁한 창업시장에서 아직은 저의 역할이 있음을 생각합니다. 아니, 저를 통해서 이루고자 하는 그 분의 뜻을 더 많이 알기를 원하며, 저에게 주신 재능을 통해 더 많은 분들이 창업을 통해 경제적으로 자립하고, 홀로서기를 하고, 아울러 승리했으면 하는 소망이 있습니다.

1998년 이후 창업분야에서 일을 해 오면서 배운 창업이론과 실무지식 그리고 창업현장에서의 경험을 바탕으로 지금까지 18권의 창업관련 책을 출판하였습니다. 이러한 저서들을 집필함에 있어 선후배들의 자료를 참고로 정리하였고, 제가 쓴 글이나 설문조사한 자료들을 추가하면서 저 나름대로의 생각들을 담으려고 노력도 하였습니다.

하지만, 이번 책의 경우에는 창업자들이 알아야 하는 경영실무 중에서 특별히 [인터넷으로 홍보하기]를 중심으로 중요한 실무지식을 담으려고 노력하였으나 창업이나 실무 경력이 부족하다 보니 보시기에 많이 미흡하고 때로는 다른 선배 교수님들의 업적을 가로챈 느낌마저 갖게 되어 송구스럽게 생각합니다. 혹시라도 본문 중에 참고문헌을 누락되었다면 절대로 고의가 아니었음을 말씀드리면서 너그럽게 용서를 구하고자 합니다.

책의 서문에 무엇을 담을까 생각하다가 1998년 이후 창업분야에 몸을 담으면서 있었던 일들을 조금 정리해 보았습니다. 여기에 다 담지 못한 이야기들도 있고, 감사의 표시를 제대로 하지 못한 분들도 있습니다. 저를 낳아주시고 미국 유학경비를 보내주시느라고 고생을 너무 하신 부모님, 그리고 세상에서 저와 소중한 인연을 맺은 가족들에게도 고마움을 전합니다.

그리고 2004년에 사랑나눔회를 시작하면서 나눔과 선교의 사업에 함께 하는 모든 분들에게도 진심으로 고마움을 전하면서, 사랑나눔회가 대를 이어 계속되기를 소망합니다. 사실, 사랑나눔회의 도메인 중에서 MIS는 management information system의 약어로서 당초 제가 근무하는 경영정보학과의 홈페이지로 사용할 계획이었으나, 2004년에 부산창업박람회를 참관하고 오늘 길에서 “mis(mission in sharing and humanity services) for glory of the God”가 갑자기 생각났는데 그것은 그 분의 인도하심이라고 생각합니다. 지금 생각해 보면, 약 20년 동안 창업분야에서 일을 하게 된 것도, 그리고 이 책을 쓰게 된 것도 모두 사랑나눔회를 통해 나눔과 선교사업에 일을 하신 그 분의 뜻이 있었다고 생각합니다.

그리고 살아오면서 때로는 저로 인해 고통을 받았거나 분노한 분들도 많이 있을 것인데, 지면을 빌어 죄송한 말씀과 용서를 구하고자 합니다. 철없던 시절의 잘못된 생각으로 많은 분들에게 심적 · 육체적 고통을 주었음을 고백하며, 앞으로는 더 많은 분들에게 희망, 꿈, 소망, 그리고 행복을 드릴 수 있도록 남은 삶을 바치고자 합니다.

끝으로, 본 저서의 내용과 관련하여 몇 가지를 알려 드리고자 하며, 성공 창업에 조금이라도 도움이 되었으면 합니다.

1. 저서 [인터넷으로 홍보하기]를 읽으면서 저서의 내용을 PC를 활용하여 직접 실습해 보는 것이 필요합니다.
2. 저서에 수록되어 있는 대부분의 내용에 대해서는 동영상(UCC) 강좌로 제작하여 YouTube의 김영문_travel_and_sbiz 채널(www.youtube.com/user/newbiz2001/ videos)에 등록하였으며, 저서의 내용과 동영상(UCC) 강좌를 함께 활용하시기 바랍니다. 하지만, 일부 동영상(UCC) 강좌는 저서에 있는 제목과는 약간 차이가 있을 수 있기 때문에 키워드(key word)로 검색하는 것이 필요할 수 있습니다.
3. 저서의 내용에 관해서 질문이 있거나 도움이 필요하시면 [맛따라✡길따라✡창업] 밴드(band.us/band/70870679)를 활용하시기 바라며, 최대한 그리고 적극적으로 도움을 드릴 것입니다.
4. 본 저서에 수록되어 있는 [인터넷으로 홍보하기]의 내용을 어떻게 활용하여 기업의 홍보, 광고 및 매출을 지속적으로 향상시킬 것인가에 대해서 끊임없이 고민하면서 실천하는 것이 중요합니다.

2023년 2월에

김영문 드림

차 례

제 1 장 포토샵(Photoshop)의 이해와 활용하기

1. 포토샵의 화면 구성 • 20
2. 포토샵으로 이미지 만들기 • 24
3. 포토샵 이미지를 서버에 등록하기 • 40
4. 포토샵 이미지를 효과적으로 만드는 방법 • 44

제 2 장 HTML의 이해와 활용하기

1. HTML 문서 만들기 • 50
2. 이미지 불러오기 • 53
3. 텍스트 혹은 이미지를 클릭하여 링크시키기 • 55
4. 테이블(table) 만들기 • 57
5. 게시판의 글 제목을 클릭하여 게시판의 글로 링크시키는 방법 • 61
6. COLSPAN 및 ROWSPAN 명령어의 활용 • 63
7. 기타 유용한 HTML 명령어 • 65

제 3 장 구글 사이트 도구를 활용한 홍보사이트 운영하기

1. 구글 사이트 도구란 무엇인가? • 71

2. 로그인(login)하기 • 72

3. Google 사이트 도구로 이동하기 • 73

4. 웹 사이트를 만들기 • 74

5. 홈페이지 편집 화면으로 이동하기 • 76

6. URL(인터넷상에서의 위치) 이름을 생성 • 77

7. 페이지(메뉴)의 추가 • 79

8. 컨텐츠 등록 및 링크(link) 삽입하기 • 82

9. 로고(logo) 등록하기 • 87

10. 홍보 동영상(UCC) 삽입하기 • 88

11. 구글 지도의 삽입 • 89

12. 구글 사이트 도구의 저장 용량 • 90

13. 구글에서 제공하는 다양한 기능 찾아보기 • 91

제 4 장 메이벅스의 이해와 활용하기

1. 메이벅스의 이해 • 97

2. 메이벅스의 주요 메뉴 • 97

3. 마이채널 및 토큰의 활용 • 99

4. 메이벅스를 활용하여 홍보하기 • 101

제 5 장 동영상(UCC) 제작 및 활용하기

1. 동영상(UCC) 편집 프로그램 • 105
2. 무비메이커를 활용한 동영상(UCC) 만들기 • 106
3. 곰믹스(GOM Mix)를 활용한 동영상(UCC) 만들기 • 108
4. 동영상 변환 및 용량 줄이기 • 113
5. 동영상(UCC)의 등록 및 홍보 • 115
6. 동영상(UCC)을 활용한 홍보 및 상품판매 • 118

제 6 장 카페(cafe)의 개발 및 운영하기

1. 네이버 카페(cafe)의 개발 및 운영 • 127
2. 다음 카페(cafe)의 개발 및 운영 • 133
3. 카페(cafe)를 성공적으로 운영하기 위한 전략 • 152

제 7 장 블로그의 개발 및 운영하기

1. 블로그의 개념 및 종류 • 159
2. 네이버 블로그의 개발 및 운영 • 160
3. 구글 블로그의 개발 및 운영 • 165
4. 파워 블로그의 사례 및 벤치마킹 • 170

제 8 장 홈페이지형 블로그의 개발 및 운영하기

1. 홈페이지형 블로그의 개요 • 175
2. 홈페이지형 블로그 개발의 고려사항 • 176
3. 홈페이지형 네이버 블로그의 개발 절차 • 177

제 9 장 페이스북의 개설 및 운영하기

1. 페이스북의 종류 • 187
2. 페이스북의 개설 • 188
3. 페이스북을 활용한 인맥형성 및 홍보 • 195

제10장 기타 SNS의 개설 및 운영하기

1. 밴드(Band) • 203
2. 트위터(Twitter) • 214
3. 인스타그램(Instagram) • 221
4. 홍보를 위한 국내외 앱의 종류 • 224

참고문헌 • 229

제1장

포토샵(Photoshop)의 이해와 활용하기

1. 포토샵의 화면 구성
2. 포토샵으로 이미지 만들기
3. 포토샵 이미지를 서버에 등록하기
4. 포토샵 이미지를 효과적으로 만드는 방법

기업에서 생산하거나 판매하고 있는 상품과 서비스를 효과적으로 홍보하거나 판매하기 위해서 반드시 활용해야 하는 것이 바로 포토샵(Photoshop)과 HTML이라고 할 수 있다. 예를 들어, 최근 오프라인(off-line)에 비하여 온라인(on-line)에서 진행되고 있는 홍보와 판매가 지속적으로 증가하고 있는 실정이며, 다양한 웹 사이트(web sites)를 활용한 홍보와 판매를 효과적으로 진행하기 위해서는 포토샵과 HTML을 활용하는 것이 매우 중요하다고 할 수 있다.

최근에는 아이패드용 포토샵의 한국어 버전을 출시되면서(파이낸셜뉴스, 2021.4.23.), 모바일 기기를 활용하는 웹 사이트의 개발 및 운영이 더욱 활성화될 것으로 예상되고 있다. 예를 들어, 아이패드용 포토샵을 활용하여 다양한 상품이미지들을 만들 수 있으며, 이로 인해서 시간과 장소에 구애받지 않고 상품의 등록 및 홍보가 가능하게 되었다. 또한 인공지능(AI) 기술을 이용해 개선한 포토샵(Photoshop) 업데이트판이 출시되면서, 상품이미지의 제작이 훨씬 더 편리해지면서 또한 쉬워졌다(AI타임스, 2022.10.19.).

이에 따라 제1장에서는 먼저 초보자들이 알아야 할 포토샵 실무지식에 대해 구체적으로 설명할 것이며(김영문, 2012.), 포토샵을 활용하여 다양한 종류의 이미지(image)를 만드는 방법에 대해 단계별로 설명할 것이다. 또한 직접 제작한 포토샵 이미지를 이미지 호스팅 사이트(image hosting sites)에 등록한 후에 HTML 명령어로 활용하는 방법에 대해서도 실무적으로 설명할 것이다.

1. 포토샵의 화면 구성

다양한 종류의 웹 사이트(web sites)를 활용하여 홍보를 하거나 상품판매를 진행하기 위해서는 기업에서 판매하는 상품들을 포토샵 이미지로 만들어야 하는데, 이를 위해서는 포토샵의 기본적인 화면구성 및 도구박스에 있는 다양한 도구들에 대해 잘 이해하고 효과적으로 활용할 수 있어야 한다. [그림 1-1]에서 보듯이 포토샵은 여러 부분으로 구성되어 있는데, 포토샵의 버전에 상관없이 포토샵을 직접 실행한 후에 화면구성 및 주요 메뉴들을 살펴보는 것이 필요하다.

① **메뉴바**: 포토샵을 이용하여 작업할 수 있는 모든 메뉴를 사용목적에 따라 구분하고 있으며, 각각의 메뉴를 클릭하면 관련 메뉴가 아래로 표시된다.

② **옵션바**: 선택한 툴(도구) 메뉴의 각종 옵션을 변경할 수 있는 곳이다.

③ **툴박스**(**도구상자**): 이미지에 직접 작업을 할 수 있는 다양한 도구들을 모아둔 곳이며, 이미지를 만들 때에 가장 많이 사용된다.

④ **작업창**(**이미지창**): 작업하려는 사진이나 이미지를 표시하는 창이다.

[그림 1-1] 포토샵의 화면 구성

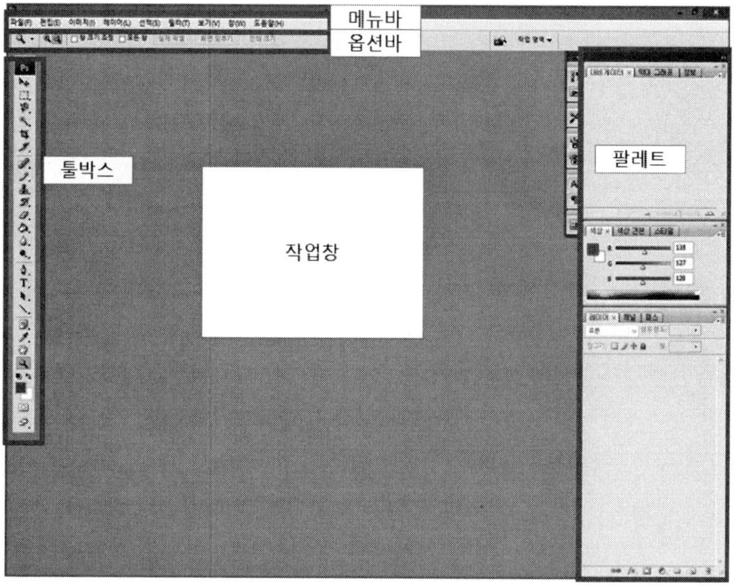

⑤ **팔레트**(palette): 이미지 수정 및 편집 작업에 도움을 주는 각종 기능 및 옵션들을 쉽고 간단하게 사용할 수 있도록 독립된 창으로 구성해 놓은 것이다.

☞ [참고] 포토샵 이미지를 만드는 작업 중에 팔레트를 다시 설정하고 싶다면 아래의 왼편에서와 같이 [창]−[작업영역]−[팔레트 위치 다시 설정]을 클릭하면 된다([그림 1-2] 참고). 하지만, 포토샵의 버전에 따라 팔레트를 다시 설정하는 용어가 약간씩 다르게 표현될 수 있는데, 오른편에서와 같이 [창]−[작업영역]에서 [필수 재설정]을 선택해도 된다.

[그림 1-2] 팔레트의 재설정

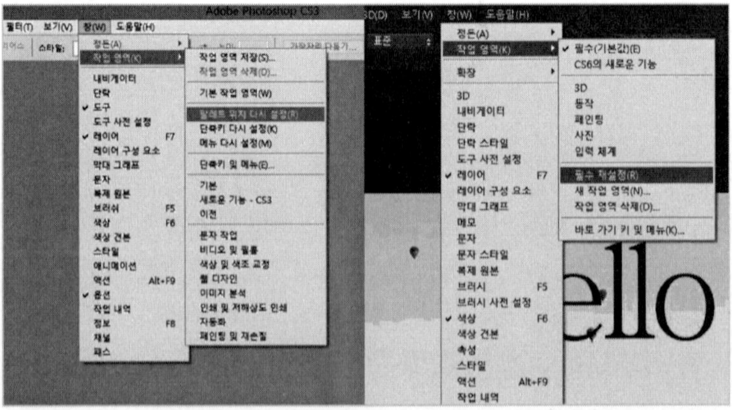

한편, 포토샵의 기본화면에 있는 툴박스(도구상자)에 대해서 구체적으로 살펴보면, 〈표 1-1〉과 같다. 또한 〈표 1-1〉의 도구들 중에서 오른쪽 아래에 작은 검정색 삼각형이 있는 도구들은 모두 숨은 도구들이 있는데, 검정색 삼각형을 클릭하거나 마우스의 오른쪽 버튼을 누르면 확인할 수 있다. 포토샵으로 이미지를 잘 만들기 위해서는 도구박스에 있는 다양한 도구(툴)의 사용 방법을 정확하게 이해하고, 숨은 도구들을 효과적으로 활용하는 것이 필요하다.

〈표 1-1〉 도구박스에 있는 다양한 도구

도구박스	명칭	설명
	이동 도구(V)	이미지를 원하는 위치로 이동할 수 있다.
	사각형 선택 윤곽 도구(M)	이미지의 특정 영역을 사각형 선택영역으로 만든다.
	다각형 올가미 도구(L)	이미지의 특정 영역을 다각형 선택영역으로 만든다.
	빠른 선택 도구(W)	색상의 범위를 계산하여 자동으로 선택영역을 만든다.
	자르기 도구(C)	이미지의 필요한 부분만 남기고, 나머지 부분을 잘라준다.
	스포이드 도구(I)	색상 값을 추출하여 전경색이나 배경색으로 지정한다.
	패치 도구(J)	이미지의 특정 영역을 다른 부분으로 보정할 수 있다.
	연필 도구(B)	연필로 그리듯이 얇은 선을 그리는 도구이다.
	복제 도장 도구(S)	특정 이미지를 복제하여 원하는 부분에 붙여 넣는다.
	작업 내역 브러시 도구(Y)	브러쉬를 이용하여 원본 이미지를 복구한다.
	지우개 도구(E)	이미지의 일부분을 지운다.
	페인트 통 도구(G)	특정 부분을 같은 색으로 채우기 할 때 사용한다.
	흐림 효과 도구	이미지를 뿌옇게 하여 번지는 듯한 느낌을 준다.
	닷지 도구(O)	이미지를 밝게 해 준다.
	펜 도구(P)	세밀하게 원하는 영역을 지정할 때 사용한다.
	수평 문자 도구(T)	원하는 문자를 입력할 수 있다.
	패스 선택 도구(A)	패스를 이동하거나 변형할 수 있다.
	사각형 도구(U)	다양한 형태의 도형을 만들 수 있다.
	손 도구(H)	손바닥 툴을 이용하여 화면을 이동시킬 수 있다.
	돋보기 도구(Z)	화면의 특정 부분을 확대하거나 축소시킬 수 있다.
	전경색과 전경색 전환(X)	전경색과 배경색을 전환시킬 수 있다.
	전경색 설정	전경색을 설정할 수 있다.
	배경색 설정	배경색을 설정할 수 있다.
	빠른 마스크 모드로 편집(Q)	선택영역을 좀 더 편리하게 추출해 낼 수 있다.
	화면 모드 변경(F)	작업 창의 공간을 조절할 때 사용한다.

2. 포토샵으로 이미지 만들기

(1) 작업창 만들기

① 새로운 이미지를 만들기 위하여 [그림 1-3]과 같이 작업창을 만들어야 한다.

② 이를 위해서 먼저 포토샵을 실행하고, 메뉴 중에서 [File]-[New]를 클릭한다.

③ 대화상자에서 작업에 필요한 가로, 세로 크기를 입력해야

[그림 1-3] 작업창 만들기

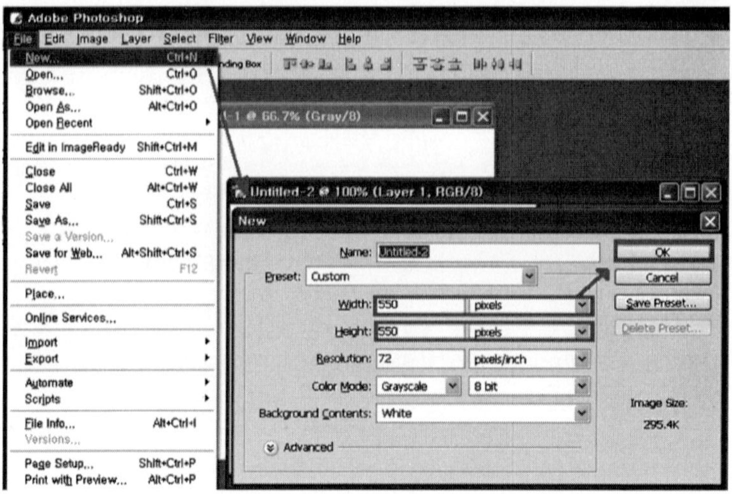

하는데, 포토샵으로 만들고 싶은 홍보 이미지의 크기를 결정한 후에 입력하면 된다. 이때에 주의할 점은 반드시 픽셀(pixels)이라는 단위를 사용해야 한다는 것이다. 여기에서 포토샵 이미지를 이루는 가장 작은 단위인 네모 모양의 작은 점들을 픽셀(Pixel)이라고 하는데, 픽셀은 영어로 그림(picture)의 원소(element)라는 뜻을 갖도록 만들어진 합성어이다(네이버 지식사전, terms.naver.com).

(2) 이미지 불러오기

① [그림 1-4]와 같이 홍보 이미지를 만드는 데 필요한 이미지(혹은 직접 촬영한 사진)를 불러온다. 즉, 포토샵으로 만들게 되는 홍보 이미지는 텍스트 입력 외에도 최소 1장의 이미지(혹은 직접 촬영한 사진)가 필요하기 때문이다.

② 메뉴 중 [File] – [Open]을 클릭하여 이미지 파일을 찾아 열기를 클릭하면 되는데, 직접 촬영한 이미지가 아닌 경우에는 저작권을 확인한 후에 사용하는 것이 필요하다. 이미지를 인터넷에서 다운 받아 사용하는 경우에는 저작권의 문제가 발생할 수 있기 때문에 무료로 사용할 수 있는가를 반드시 확인해야 한다.

[그림 1-4] 이미지 불러오기

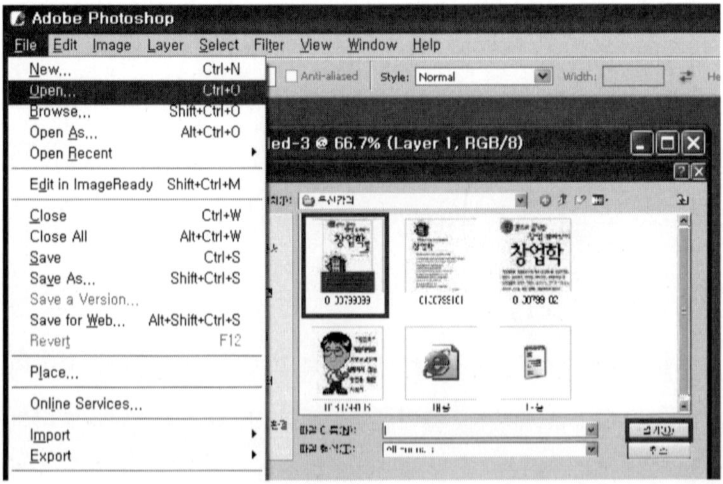

(3) 작업창에 이미지 붙이기

① [그림 1-4]에서 이미지를 불러온 작업창을 선택한 후에 레이어(layer) 창에서 배경 레이어를 선택한 상태에서 [그림 1-3]에서 새로 만든 이미지 창(작업창)으로 레이어를 드래그 앤 드롭(drag-and-drop, 마우스를 이용하여 끌어가서 이동시키는 것)한다([그림 1-5] 참고). 이 때에 [(2) 이미지 불러오기]에서 불러온 이미지의 레이어가 자물쇠 모양으로 잠겨 있는 경우에는 먼저 [이미지]–[모드]에서 [RGB 색상]을 선택(혹은 Ctrl+J 버튼을 입력 혹은 해당 레이어를 더블클릭해도 됨)하여 잠긴 상태를 해제한 후에 (배경)레이어를 드래그 앤 드롭(drag-and-drop)하면 된다.

[그림 1-5] 작업창에 불러온 이미지를 붙이기

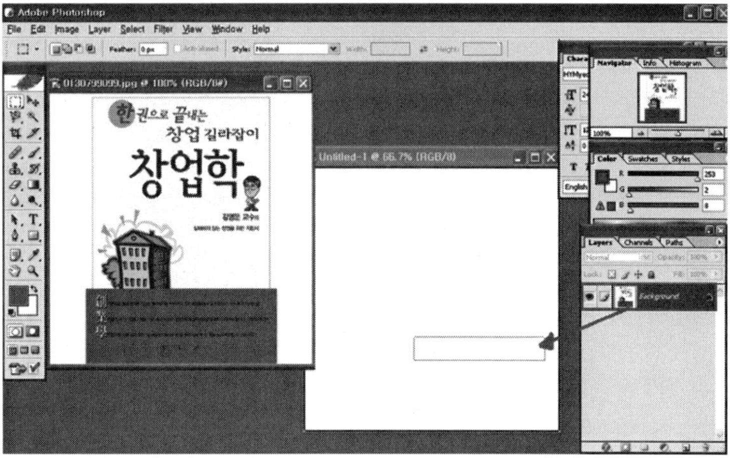

② 혹은 복사를 원하는 부분을 [선택]−[모두]를 클릭하여 선택한 후에 Ctrl+C 키를 눌러서 복사하기를 하고, 새로 만든 이미지 창(작업창)을 선택한 후에 Ctrl+V 키를 눌러서 붙이기를 해도 된다.

☞ **[참고]** 포토샵 레이어(layer): Photoshop 레이어는 아세테이트지(acetate paper, 투명필름 중 하나)를 여러 장 겹쳐 놓은 것과 같으며, 레이어의 투명 영역을 통해 밑에 있는 레이어까지 볼 수 있다. [그림 1-5]에서 오른쪽에는 1개의 레이어를 볼 수 있는데, 포토샵 작업을 할 때에는 반드시 작업을 하고자 하는 레이어를 먼저 선택하는 것이 필요하다.

[그림 1-6] 레이어 잠금 상태의 해제

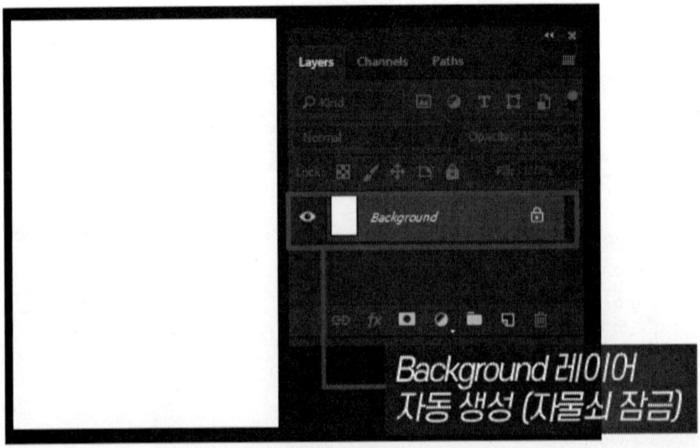

☞ [참고] 이미지를 불러온 후에 오른편에 있는 배경 레이어(layer)에 자물쇠 모양이 나타나 있는 것도 확인할 수 있는데, 자물쇠가 보이는 이 상태는 레이어가 잠금 상태인 것을 의미한다(thirdhz7.tistory.com/139). 따라서 자물쇠를 없앤 후에 작업하는 것이 필요한데, [이미지]–[모드]–[RGB 색상]을 선택하거나 자물쇠 모양이 있는 레이어를 더블클릭을 한 후에 [승인]을 클릭해도 된다([그림 1-6] 참고).

(4) 이미지 크기 조절하기

① 작업창에 불러온 이미지 크기를 조절하기 위하여 메뉴 중 [Edit]–[Free Transform]을 선택하면 된다([그림 1-7] 참고).

② 단축키를 이용하려면 Ctrl+T(자유변형)를 누르면, 이미지에 8개의 조절점이 있는 사각형이 생긴다.

[그림 1-7] 이미지 크기 조절하기

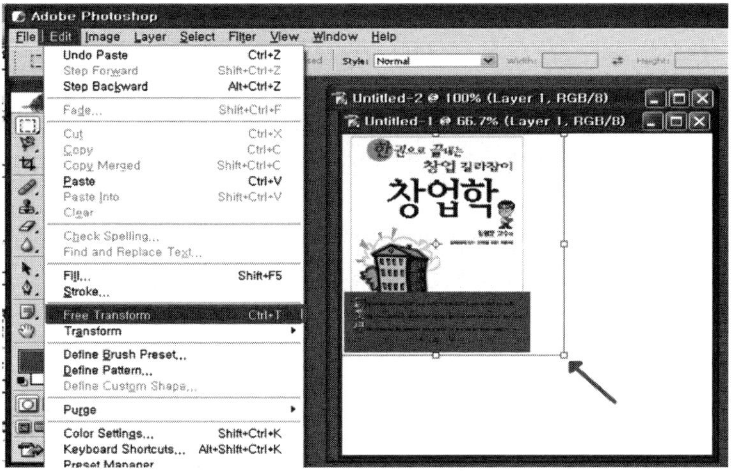

③ 8개의 조절점을 이용하여 이미지의 크기를 적당한 크기로 조정한다.

④ Shift 누른 상태에서 마우스를 사용하여 이미지의 크기를 조정하면, 가로-세로 비율이 일정하게 조정된다. 그렇지 않는 경우에는 이미지의 가로 및 세로 비율이 유지되지 않기 때문에 이미지의 모양이 찌그러지거나 달라질 수 있다.

(5) 이미지의 위치를 이동하기

이미지의 크기 조정이 완료되면, 〈표 1-1〉의 도구박스에 있는 다양한 도구 중에서 이동도구( )를 클릭한 후에 이미지를 선택하여 원하는 곳으로 이동시키면 된다([그림 1-8] 참고).

[그림 1-8] 이미지 이동하기

(6) 이미지 저장하기

포토샵 작업이 완료된 홍보 이미지를 저장하면 되는데, 이미지를 저장할 때에는 3가지 방법이 있다([그림 1-9] 참고).

① **[File] – [Save]**: 원본 파일을 저장할 때에 사용하며, 레이어가 합쳐지지 않고 그대로 보존된 PSD 파일로 저장되기 때문에 나중에 수정하여 사용할 수 있다. 포토샵 이미지 중에서 반드시 보관해야 하는 파일이라고 할 수 있다.

[그림 1-9] 이미지 저장하기

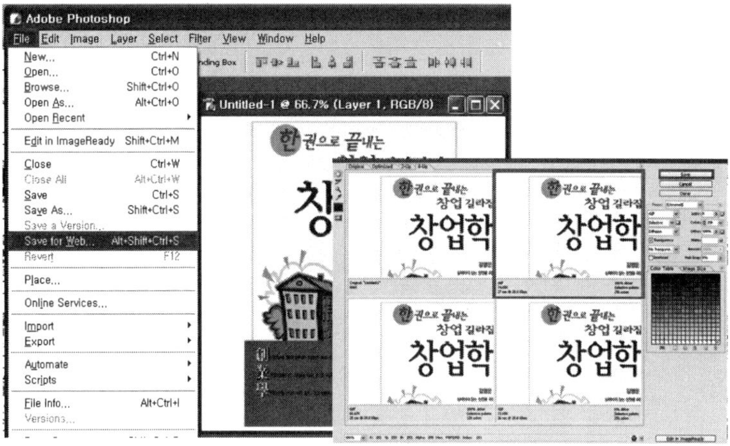

② [File] – [Save as]: JPG, GIF 등 다양한 형태로 저장할 때에 사용하는데, 레이어가 배경으로 합쳐지기 때문에 저장한 후에는 레이어별로 수정할 수가 없다. 이미지를 저장한 후에는 인터넷에 등록하여 사용할 수 있다.

③ [File] – [Save for Web…]: 이미지의 용량이 다른 4가지 형태의 이미지를 보여주는데, 이 중에서 하나를 선택하여 저장할 때에 사용한다. 일부 웹 사이트에서는 이미지의 용량을 제한하는 경우가 있는데, 이러한 웹 사이트에 포토샵 이미지를 등록할 때에 사용하면 된다. 아울러, 포토샵 이미지의 용량은 로딩(loading) 속도에 영향을 미치기 때문에 최대한 낮은 용량의 이미지를 사용하는 것이 필요하다.

☞ **[참고: PSD 파일은 꼭 보관]** 포토샵 이미지를 만들 때에 반드시 기억해야 할 것은 바로 PSD 파일로 저장되는 원본 파일은 반드시 보관해야 하는데, 추후 처음 만든 포토샵 이미지를 수정하여 사용해야 하는 경우가 자주 발생할 수 있기 때문이다. 즉, JPG, GIF 등의 형태로 저장한 파일은 수정할 수가 없기 때문에 PSD 파일은 별도로 보관하고 있어야 한다.

☞ **[참고]** 네이버 MYBOX(mybox.naver.com)에서는 국내 최대 무료 용량 30GB를 사용할 수 있기 때문에 홍보를 위한 다양한 웹 사이트를 개발하는 데 필요한 모든 포토샵 이미지들을 보관하기 위해 활용할 수 있다.

(7) 텍스트 추가하기

포토샵으로 만든 이미지에 텍스트로 설명을 추가하는 것이 상품의 홍보와 판매에도 도움이 될 것이다. 홍보 이미지에 텍스트를 적용하기 위해서는 아래의 방법으로 하면 된다.

① [그림 1-10]과 같이 툴바에 있는 텍스트 도구(T)를 클릭한다.

② 텍스트를 입력할 위치에서 마우스를 한 번만 클릭한다.

③ 커서가 나타나면 추가하고 싶은 텍스트를 입력하면 되는데, 굳이 사격형의 박스를 만들 필요가 없이 마우스를 클릭한 상태에서 텍스트를 입력하면 된다.

④ 색상 또는 글꼴, 크기를 변경할 필요가 있으면 글자들을 드

[그림 1-10] 텍스트 추가하기

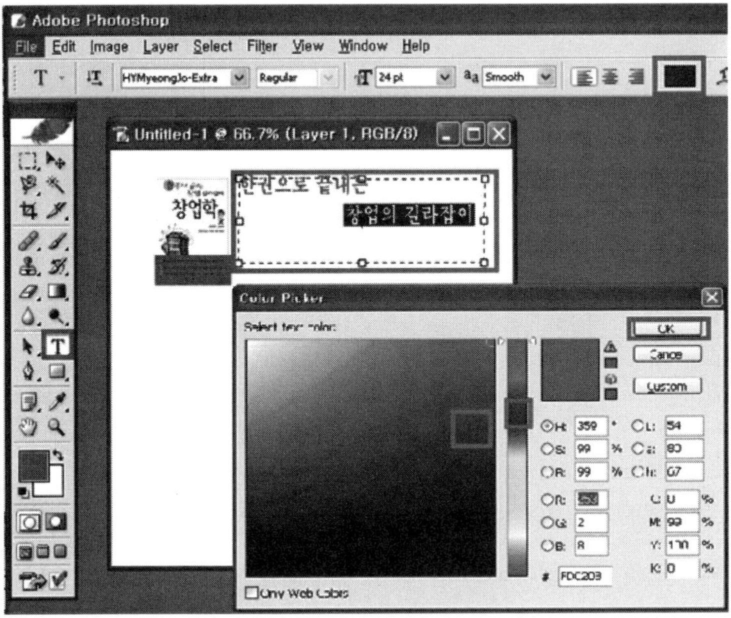

래그(drag)하여 블록(block) 상태로 만든 후 색상, 글꼴, 크기 등을 변경하면 된다.

☞ [참고] 포토샵으로 만든 이미지에 텍스트로 설명을 추가할 수도 있지만, 포토샵으로 텍스트로 설명하고 싶은 이미지를 별도로 만드는 것도 고려할 수 있다. 특히 전자상거래 및 인터넷쇼핑몰을 개발할 때에는 판매하고자 하는 상품에 대해 설명하는 이미지(설명 이미지)를 1장으로 만드는 것이 오히려 더 효과적일 수 있기 때문이다.

(8) 텍스트에 효과주기

홍보 이미지에 추가되는 텍스트에 효과를 주는 것은 글자의 모양을 보기 좋게 꾸미는 과정이라고 할 수 있는데, 레이어 옵션 바의 밑 부분에 있는 레이어 스타일(fx)을 이용하게 된다.

① 작업할 텍스트 레이어(layer)를 선택한 후에 해당 레이어의 빈 여백 부분(추가된 텍스트 옆에 있는 빈 여백 부분)을 더블클릭하면 레이어스타일(Layer Style) 창이 나타난다([그림 1-11] 참고).

② 새로 나타난 레이어스타일(Layer Style) 창에서 Drop Shadow

[그림 1-11] 텍스트에 효과주기

(그림자 효과)를 선택하여 텍스트에 그림자를 만들고, 그림자 때문에 글자가 보이지 않으면 제일 아래 Stroke(선)를 선택하고 테두리 색상을 설정한다.

③ Drop Shadow(그림자 효과)와 Stroke(선)만 잘 이용하여도 보다 효과적인 텍스트 이미지를 만들 수 있다.

④ 레이어스타일(Layer Style) 창에서 여러 옵션들을 활용하여 텍스트에 다양한 효과를 줄 수 있다.

☞ **[참고: 레이어스타일(Layer Style) 창에서의 여러 옵션]** [그림 1-11]에서 확인할 수 있는 레이어스타일(Layer Style) 창에서 여러 옵션들은 그림자 효과(Drop Shadow), 내부 그림자(Inner Shadow), 외부 광선(Outer Glow), 내부 광선(Inner Glow), 경사와 엠보스(Bevel and Emboss), 새틴(Satin), 색상 오버레이(Color Overlay), 그라디언트 오버레이(Gradient Overlay), 패턴 오버레이(Pattern Overlay), 선(Stroke)이 있다([그림 1-12] 참고).

[그림 1-12] 레이어 스타일의 옵션

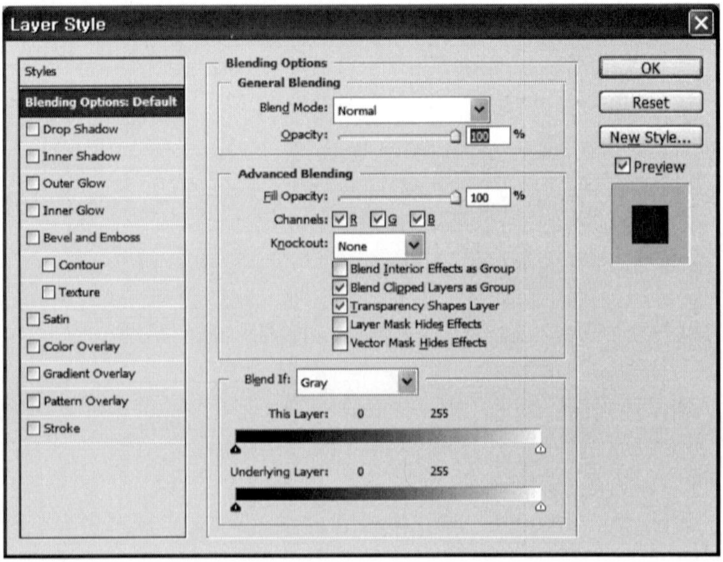

출처: blog.naver.com/hyoyeol

(9) 텍스트 적용하기

① [그림 1-13]과 같이 이미지에 대한 설명을 추가하기 위하여 툴바의 텍스트 도구(T)를 클릭한 후에 입력하고 싶은 내용을 입력한다.

② 내용 입력을 완료하고, 수정할 필요가 있으면 수정할 텍스트 레이어를 선택한다.

③ 툴 바에서 텍스트 아이콘을 선택한 후에 이미지 위에 입력되어 있는 텍스트를 클릭하여 수정한다.

[그림 1-13] 텍스트 적용하기

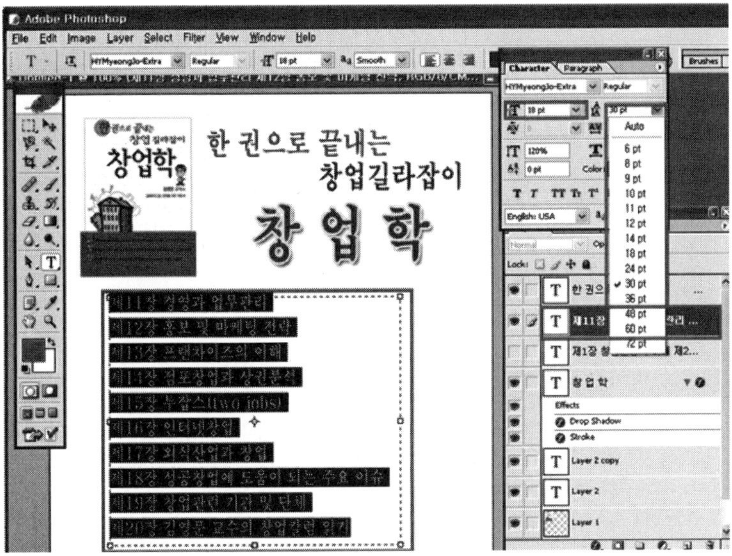

④ 수정할 내용의 텍스트를 블록(block)으로 설정한 후에 상단에 있는 옵션 바의 끝 쪽에 있는 문자 및 단락 팔레트()를 이용하여 글자크기, 줄 간격 등을 보기가 좋게 수정하면 된다.

(10) 이미지 조정하기

이미지 조정은 디지털카메라로 촬영한 상품사진의 색상을 조정하는 것인데, [그림 1-14]에서와 같이 [이미지]-[조정]의 하위 메뉴에서 다양한 명령을 선택하여 할 수 있다. 특히 곡선(V), 색상 균형(B)만 제대로 활용해도 밝으면서도 깔끔한 이미지를 만

[그림 1-14] 이미지 조정하기

들 수 있다.

위에서 포토샵을 활용하여 홍보 이미지를 만드는 방법을 10단계로 설명하였는데, 3~5개의 이미지를 직접 만들어 보는 것이 필요하다. 또한 포토샵 이미지를 저장할 때에는 절대로 한글 파일명을 사용하지 말고 반드시 영어 파일명을 사용하는 것이 필요한데, 한글 파일명으로 저장한 후에 이미지 호스팅(image hosting)

사이트에 등록한 경우에는 이미지가 정상적으로 보이지 않는 경우가 가끔 발생할 수 있기 때문이다.

☞ **[참고: 포토샵 이미지에 테두리 넣기]** 인터넷에 등록하는 포토샵 이미지가 깔끔하게 보이게 하려면, 테두리를 넣는 것이 필요한데 그 절차는 아래와 같다.

① 위에서 설명한 [이미지 조정하기]를 한 후에 [선택]-[모두]를 선택한다.

② [편집]-[선(획)]에서 테두리의 폭을 입력하고 색상을 선택한 후에 [승인]을 클릭하면 된다. 이 때에 위치는 [가운데]를 선택하면 된다.

☞ **[참고: 포토샵 단축키 모음]** 포토샵 초보자가 알면 더 좋은 포토샵 단축키 모음은 아래와 같으며(www.sindohblog.com/1138), 사이트에서 구체적으로 확인할 수 있다.

① 외워두면 정말 유용한 단축키 BEST 5

② 포토샵 메뉴별 단축키 알아보기

ⓐ 파일(File) 메뉴 단축키

ⓑ 편집(Edit) 메뉴 단축키

ⓒ 레이어(Layer) 메뉴 단축키

ⓓ 이미지(Image) 메뉴 단축키

ⓔ 선택(Select) 메뉴 단축키

ⓕ 보기(View) 메뉴 단축키

ⓖ 브러시 도구 메뉴 단축키

3. 포토샵 이미지를 서버에 등록하기

포토샵으로 만들어진 이미지들은 인터넷 사이트에 바로 등록하여 활용할 수도 있지만, 일반적으로는 이미지 호스팅(image hosting)의 기능을 제공하는 서버(server, 컴퓨터 네트워크에서 다른 컴퓨터에 서비스를 제공하기 위한 컴퓨터)에 등록한 후에 HTML 명령어(예를 들어, 〈img src="이미지 주소"〉 명령어)로 불러와서 사용하게 된다.

(1) 이미지를 등록 및 활용하는 방법

뉴비즈니스연구소(cafe.daum.net/isoho2jobs)에 보면, 카페 메인에 여러 개의 이미지를 보여주고 있다. 이를 위해서는 먼저 포토샵을 활용하여 이미지들을 만들어야 하며, 만든 이미지들을 이미지 호스팅(image hosting) 사이트에 등록한 후에 〈img src="이미지 주소"〉 명령어를 활용하여 이미지를 불러와서 보여주게 된다. 이에 대해 조금 더 구체적으로 설명하면 아래와 같다.

① 포토샵(photoshop)으로 홍보할 이미지를 만든다.

② 포토샵으로 만든 이미지를 이미지 호스팅 사이트에 등록해야 하는데, 이미지 호스팅 사이트는 매월 1~3만원을 지불하고 사용하는 유료 사이트들이 많다. 다음(Daum) 혹은 네이버(Naver)

등과 같은 포털사이트에서 이미지 혹은 호스팅 사이트를 검색하면 쉽게 찾을 수 있는데, 아래의 사이트들은 이미지 호스팅 사이트와 같은 목적으로 사용할 수 있다. 한편, 후이즈(www.whois.co.kr)의 경우에는 하루 50MB 용량을 무료로 제공하고 있으며(전자신문, 2005.5.23.), 구글 포토(photos.google.com)에서는 Upload에서 포토샵으로 만든 이미지들을 등록하여 이미지 호스팅 사이트와 같이 활용할 수 있다.

ⓐ postimage(postimage.org)

ⓑ 구글 포토(photos.google.com)

ⓒ 스쿨호스팅(www.phps.kr)

ⓓ 코리아호스팅(www.koreahosting.co.kr)

ⓔ 드롭박스(www.dropbox.com)

ⓕ 미리내닷컴(www.mireene.com)

ⓖ 허브웹(www.hubweb.net)

ⓗ storemypic(www.storemypic.com)

ⓘ Zpat(www.zpat.info)

ⓙ 닷홈(www.dothome.co.kr)

ⓚ Imgur(imgur.com)

③ 이미지 호스팅 사이트에 포토샵 이미지를 등록한 후에 이미지의 파일경로(주소)를 복사하여 사용하면 된다. 예를 들어, postimage(postimage.org)에 포토샵 이미지를 등록한 후에 [링크] 혹은 [직접 링크]에 있는 파일경로(주소)를 복사한 후에 〈img src

="이미지 주소"〉 명령어를 활용하여 필요한 곳에서 사용하면 된다.

☞ [참고] 〈img src="이미지 주소" width="너비(가로길이)" height="높이"〉 이미지 호스팅 사이트에 등록되어 있는 이미지의 크기를 강제로 조정하여 보여줄 때에는 width 및 height를 사용하면 된다. 그렇지 않는 경우에는 그냥 〈img src="이미지 주소"〉만 사용하면 된다. 즉, 이미지 호스팅(image hosting) 사이트에 등록되어 있는 포토샵 이미지를 원본 크기 혹은 조정된 크기의 이미지로 보여줄 수 있는데, width 및 height를 사용할 때에는 가로 및 세로의 비율을 유지하면서 크기를 조정하는 것이 필요하다. 예를 들어서, 가로(width)의 크기를 500 픽셀에서 400 픽셀로 줄이게 되면, 세로(height)의 크기 역시 같은 비율로 줄여야 한다.

☞ **[참고: 무료 이미지 호스팅 사이트(Free Image Hosting Sites)]**
네이버에서 "image hosting sites"를 검색하면 다양한 무료 이미지 호스팅 사이트에 대한 정보를 확인할 수 있다.
① 10 Free Image Hosting Sites for Your Photos
(https://www.lifewire.com/free-image-hosting-sites-3486329)
② 7 Best Free Image Hosting Websites
(https://www.lifewire.com/top-free-image-hosting-websites-1357014)

(2) 이미지 호스팅 사이트의 효과적인 이용

홍보를 위한 다양한 웹 사이트들을 개발하고 운영하는 경우뿐만 아니라 인터넷쇼핑몰, 옥션, G마켓, 카페와 블로그 등을 활용한 인터넷분야의 창업자들도 반드시 알아야 하는 것이 바로 이미지 호스팅 사이트의 활용방법이라고 할 수 있다. 예를 들어, 옥션의 상세정보(상품정보)에서 나타나는 이미지들은 옥션에 직접 등록되는 것이 아니라 이미지 호스팅 사이트에 이미지를 등록한 후에 HTML 명령어(〈img src="이미지 주소"〉)를 이용하여 불러와서 옥션의 상세정보(상품정보) 페이지에서 그냥 보여주는 것이다.

이미지 호스팅 사이트에는 무료 혹은 유료로 사용할 수 있는 사이트들이 매우 많은데, 유료 사이트의 경우에는 매월 1~3만원의 비용만 부담하면 된다. 포털 사이트에서 이미지 호스팅, 상품이미지, 호스팅 등의 키워드로 검색하면 다양한 이미지 호스팅 사이트들을 쉽게 찾을 수 있다.

☞ **[참고]** 창업자들의 경우에는 위에서 언급한 이미지 호스팅 사이트에 등록된 이미지들을 외장형 하드 혹은 다음(Daum)과 네이버(Naver) 카페(cafe)의 게시판 등을 활용하여 별도로 저장해 두는 것도 잊지 말아야 한다. 아울러, 포토샵으로 이미지를 만든 후에는 원본 파일(*.psd)을 반드시 보관하고 있어야 필요할 때에 수정하여 사용할 수 있다는 것도 생각해야 한다.

4. 포토샵 이미지를 효과적으로 만드는 방법

포토샵을 활용하여 홍보 혹은 광고에 필요한 이미지를 효과적으로 만드는 방법은 다양한데, 특히 아래의 포토샵 메뉴들을 잘 사용하는 것이 중요하다.

① 포토샵 도구상자(tool box)에 있는 각 도구들을 효과적으로 활용한다.

② 레이어(layer)의 개념에 대해 잘 이해해야 하며, 반드시 작업하고자 하는 레이어를 먼저 선택한 후에 포토샵 이미지를 수정해야 한다.

③ [이미지]-[조정] 메뉴를 효과적으로 사용해야 한다.

④ 레이어 스타일(Layer Style)을 잘 활용해야 한다.

⑤ [문자 및 단락 팔레트]를 효과적으로 사용하는 것이 필요하다.

⑥ 햇빛 아래에서 사진을 촬영하면, 포토샵 작업은 쉽고 간단하게 끝날 수 있다.

⑦ 본인의 사이트에 필요한 다양한 포토샵 이미지들을 자주 만들어 보는 것이 필요한데, 매일 한 두 개의 포토샵 이미지를 만들어 보는 습관을 가지는 것이 중요하다.

포토샵 이미지를 잘 만드는 방법에 대해서 위에서 설명을 하였지만, 그 중에서 가장 중요한 것은 사진 촬영을 잘 해야 한다. 이를 위해서는 햇빛 아래에서 촬영하는 것이 가장 좋으며, 형광등 아래에서 촬영을 하는 것은 바람직하지 않다. 최대한 선명하게 촬영하는 것이 포토샵 작업을 최소화하는 데 분명 도움이 될 수 있다.

☞ [YouTube 채널: 김영문_travel_and_sbiz]

유튜브(YouTube)에 등록되어 있는 [제1장 포토샵(Photoshop)의 이해와 활용하기]와 관련된 동영상 강좌는 다음과 같은데, YouTube 채널(김영문_travel_and_sbiz)에서 [포토샵]을 검색한 후에 찾아서 들으면서 포토샵을 사용하면서 직접 실습을 하면 된다.

① 포토샵 이미지 만들기

② 포토샵 이미지 만들기(2)

③ 포토샵 이미지 편집(이미지 조정)

④ 이미지 일부분만 흑백 사진으로 만들기

⑤ 복제도장 도구로 이미지 복제하기

⑥ 포토샵 기본 및 포토샵 도구 익히기

제2장

HTML의 이해와 활용하기

1. HTML 문서 만들기
2. 이미지 불러오기
3. 텍스트 혹은 이미지를 클릭하여 링크시키기
4. 테이블(table) 만들기
5. 게시판의 글 제목을 클릭하여
   게시판의 글로 링크시키는 방법
6. COLSPAN 및 ROWSPAN 명령어의 활용
7. 기타 유용한 HTML 명령어

인터넷을 활용하여 효과적인 홍보를 하기 위해서 반드시 알아야 하는 것은 제1장에서 설명한 포토샵 외에 바로 HTML이라고 할 수 있는데, HTML은 Hyper Text Markup Language의 약어로서 홈페이지, 인터넷쇼핑몰 등에서 웹 문서를 만들기 위하여 사용하는 기본적인 프로그래밍 언어의 한 종류이다(김석주, 1997.2.20.).

예비창업자들이 알아야 하는 필수 HTML 명령어들은 아래와 같은데, 아래의 HTML 명령어들을 자유롭게 활용할 수 있으면 다양한 종류의 홍보 사이트를 만들고 운영할 수 있다. 다만, HTML 명령어를 공부할 때에 사전에 알아야 하는 사항들은 아래와 같다.

① HTML 명령어는 대문자보다는 소문자로 작성하는 것이 좋다.

② 이미지 파일명은 한글보다는 반드시 영어 소문자로 하는 것이 좋다.

③ HTML 명령어를 사용할 때에는 띄어쓰기에 유의해야 하는데, 그렇지 않으면 HTML 명령어가 정상적으로 실행되지 않는다.

④ HTML 문서를 만들거나 본 교재에 있는 HTML 내용을 실습하기 위해서는 아래에서 설명하는 4가지의 방법을 활용하면 된다.

1. HTML 문서 만들기

창업자들이 알아야 하는 필수적인 HTML 명령어를 알아보기 전에 먼저 HTML 문서를 작성하는 방법들을 소개하면 아래와 같다.

(1) 보통의 문서 편집기를 이용

컴퓨터의 보조프로그램 내에 있는 메모장을 이용하여 HTML 문서(.html)를 만들어 저장을 한 후에 크롬(Chrome) 혹은 익스플로러(Explorer)에서 파일을 열어서 실행 결과를 확인할 수 있다.

(2) HTML 전용 편집기를 이용

HTML 편집기는 인터넷 웹페이지를 작성하기 위한 편집 도구이며, 프로그래밍 언어와 유사한 특징을 가지고 있다. HTML 편집기로는 에디터플러스(EditPlus), 마이크로소프트의 프론트페이지(FrontPage), 나모 웹에디터, 어도비 드림위버(Dreamweaver) 등이 있으며, 이는 태그를 통해 편집한 후 미리보기 기능도 가지고 있다(위키백과, ko.wikipedia.org). HTML 편집기들은 네이버 소프트웨어(software.naver.com)에서 검색한 후에 다운 받아서 사용하면 되는데, 초보창업자들에게는 에디터플러스(EditPlus)가 사용하기에 편리하다([그림 2-1] 참고).

[그림 2-1] 에디터플러스(EditPlus)

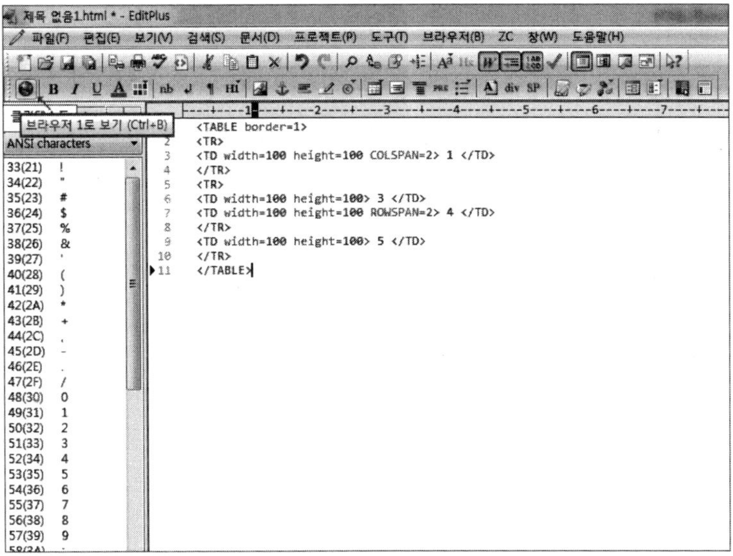

에디터플러스(EditPlus)를 사용하여 HTML 문서를 만들거나 HTML 명령어들을 연습할 때에는 다음과 같이 하면 된다.

① [File] – [New] – [Html Page]를 클릭한다.

② 〈body〉와 〈/body〉 사이에 HTML 명령어를 입력한다.

③ Ctrl + B를 입력하거나 [View] – [View in Browser]에서 [Browser 1]을 클릭하여 실행시킨다.

④ HTML 명령어를 수정해야 하는 경우에는 Edit Source(Ctrl + Shift + E)를 클릭하여 HTML 문서를 수정 및 편집한다.

⑤ HTML 문서가 정상적으로 만들어졌으면, 복사하여 필요한

곳에서 활용한다.

한편, 에디터플러스(EditPlus)를 설치 후에 [EVALUATION VERSION(평가판)]이 화면에 보이면 [I Agree(동의함)] 혹은 [Quit(종료)]를 클릭하지 말고 EVALUATION VERSION(평가판)을 마우스로 끌어서 맨 오른쪽의 아래로 옮겨 놓고 사용하면 된다.

☞ **[참고: 에디터플러스(EditPlus) 단축키 모음]** 에디트 플러스에서 자주 사용하는 단축키는 아래와 같으며(mainia.tistory.com/2348), 사이트에서 구체적으로 확인할 수 있다.

① 문서 생성과 파일 관련 단축키

② 커서 이동과 선택 관련 단축키

③ 들여쓰기와 실행 관련 단축키

④ 찾기 관련 단축키

(3) 이미 작성된 문서를 HTML 문서로 변경

HWP, MS-WORD, 파워포인트(powerpoint) 등으로 작성된 문서를 HTML 문서로 변경하기 위해서는 해당 문서 파일을 변환하는 소프트웨어가 필요한데, HWP, MS-WORD, 파워포인트(powerpoint) 등에는 변환기능이 있다. 가장 편리하게 사용할 수 있는 방법은 HWP에서 문서를 만든 후에 인터넷 문서(*.htm, *.html)로 저장하면 된다.

(4) 카페(cafe) 및 블로그(blog)에서 [글쓰기]를 이용

다음(Daum) 혹은 네이버(Naver)의 카페(cafe) 및 블로그(blog)에서 [글쓰기]를 클릭하고 HTML을 체크(☒)한 후에 HTML 명령어를 입력하고, [미리보기]를 클릭하여 실행결과를 확인하면 된다. HTML을 처음으로 공부하는 사람에게 적합한 실습 방법이라고 할 수 있다.

2. 이미지 불러오기

```
<img src="http://www.mis.or.kr/images/new_main_13.gif">
```

위의 HTML 명령어는 웹 사이트(www.mis.or.kr) 내의 폴더(images) 안에 저장되어 있는 이미지 파일(new_main_13.gif)을 불러와서 웹브라우저(Internet Explorer) 화면에서 보여 달라는 의미로 해석할 수 있다. 옥션, G마켓 등의 오픈마켓(open market)에서의 상품등록 과정에서 상세정보를 꾸밀 때에 자주 사용하는 명령어이다.

예를 들어, postimage(postimage.org) 등과 같은 이미지 호스팅 사이트(image hosting site)에 상품이미지를 등록한 후에 위의 명령어를 사용하여 옥션, G마켓 등의 상품정보(혹은 상품상세정보) 페이지에서 보여주게 된다.

한편, 〈img〉 태그에서 사용할 수 있는 다양한 속성은 〈표 2-1〉과 같은데, width 및 height는 자주 사용하는 속성이며 함께 사용할 수 있다.

〈표 2-1〉 〈img〉 태그의 속성

속성	설명	사용예
src	이미지 파일의 경로 지정	〈img src="123.jpg"〉
alt	이미지 설명 문장을 지정	〈img src="123.jpg" alt="행복한 그림"〉
width	이미지 폭 지정	〈img src="123.jpg" width="400"〉
height	이미지 높이 지정	〈img src="123.jpg" height="400"〉
border	이미지 테두리 두께 지정	〈img src="123.jpg" border="3"〉

☞ **[참고: 이미지의 크기 조정]** 포토샵으로 만든 이미지 혹은 불러온 이미지가 클 때에는 width 및 height를 사용하여 이미지의 크기를 아래와 같이 조정할 수 있다. 다만, 가로와 세로의 크기를 비율에 따라 조정하는 것이 필요하다.

[예] 〈img src="123.jpg" width="400" height="400"〉

3. 텍스트 혹은 이미지를 클릭하여 링크시키기

(1) 텍스트를 클릭하여 링크시키기

텍스트를 클릭하여 링크시키기 위해서는 아래와 같은 HTML 명령어를 만들어서 사용하면 된다.

```
<a href="http://www.mis.or.kr" target=win1>
<FONT COLOR=RED SIZE=3><B>사랑나눔회</B></FONT>
</a>
```

위의 명령어는 텍스트(사랑나눔회)를 클릭하면 웹 사이트(www.mis.or.kr)로 링크시키는 명령어이다. 그런데 target=win1은 현재의 웹브라우저는 그대로 둔 상태에서 새로운 웹브라우저(예를 들어 Internet Explorer)를 불러와서 웹 사이트(www.mis.or.kr)로 링크시키라는 의미이며, 실습할 때에 target=win1을 삭제한 후에 실습해 보면 그 차이를 쉽게 알 수 있다.

〈FONT COLOR=RED SIZE=3〉〈B〉사랑나눔회〈/B〉〈/FONT〉 명령어를 해석해 보면, 사랑나눔회라는 글자를 붉은색(COLOR=RED)으로, 크기는 3으로 그리고 진하게(B) 표시하라는 의미이다. 아울러, RED 대신에 다른 컬러를 상징하는 단어, 3 대신에 다른 숫자, B를 삭제 한 후에 사용해 보면 그 차이를 알 수 있다. 참고로 숫자 3은 HWP로 10 폰트 크기에 해당된다. 한편, 〈font〉 태그에서 사용할 수 있는 다양한 속성은 〈표 2-2〉와 같다.

〈표 2-2〉 〈font〉 태그의 속성

속성	설명	사용예
color	글자색상 지정	〈font color="red"〉
size	글자크기 지정	〈font size="3"〉
face	글꼴 지정	〈font face="궁서체"〉

(2) 이미지를 클릭하여 링크시키기

이미지를 클릭하여 링크시키기 위해서는 아래와 같은 HTML 명령어를 만들어서 사용하면 된다.

```
〈a href="http://www.mis.or.kr" target=win1〉
〈img src="http://www.mis.or.kr/images/new_main_13.gif"〉
〈/a〉
```

위에서와 같이 사랑나눔회라는 글자 대신에 이미지(new_main_13.gif)를 불러오는 명령어를 사용할 수 있는데, 이미지(new_main_13.gif)를 클릭하면 웹 사이트(www.mis.or.kr)로 링크시키는 HTML 명령어이다. 즉, 특정 웹 사이트로 링크를 시키기 위해서는 텍스트(사랑나눔회)를 클릭할 수도 있고, 이미지(new_main_13.

gif)를 클릭할 수도 있다는 것을 의미한다.

4. 테이블(table) 만들기

테이블(table)을 만들기 위해서는 〈table〉, 〈tr〉, 〈td〉 태그의 사용방법에 대해 알고 있어야 하는데, 아래의 예를 통해 테이블을 만드는 방법에 대해 설명할 것이다.

```
<table border=1>
<tr>
  <td>
    <img src="http://www.mis.or.kr/images/booknewbiz.gif"
    width=270>
  </td>
  <td>
    <img src="http://www.mis.or.kr/images/new_main_13.gif">
  </td>
</tr>
</table>
```

위의 명령어를 살펴보면, 먼저 〈tr〉...〈/tr〉 명령어로 만든 한

[그림 2-2] table 명령어로 만든 테이블

booknewbiz.gif 이미지	new_main_13.gif 이미지

줄로 된 테이블(table)에 〈td〉...〈/td〉 명령어를 이용하여 2칸을 만든 후에 〈img src="이미지 주소"〉 명령어를 사용하여 이미지(booknewbiz.gif, new_main_13.gif)를 불러와서 각 칸에서 보여주는 명령어이다. 즉, [그림 2-2]에서와 같이 이미지 호스팅 사이트에 등록되어 있는 포토샵 이미지를 불러와서 각 칸에서 보여주게 된다. 또한 border=1은 테이블의 테두리를 1 픽셀(pixel)로 나타내라는 것이며, width=270은 이미지의 가로 폭을 270 픽셀로 하라는 의미이다. 만약에 이미지의 높이를 조절하려면 height=270과 같이 사용하면 되며, border=0으로 설정하면 테이블의 테두리가 보이지 않게 된다. 사실, 대부분의 웹 사이트들은 테이블(table)을 사용하여 만들고 있지만, border=0으로 설정하여 테두리가 보이지 않게 할 수 있다.

한편, 테이블(table)을 만들 때의 기본적인 절차는 아래와 같다.

① 먼저 〈tr〉...〈/tr〉를 활용하여 줄을 만드는데, [그림 2-2]에서는 2개의 선을 활용하여 한 줄을 만들었다는 것을 보여주고 있

다. 만약에 테이블(table)이 2줄로 구성되어 있으면 〈tr〉...〈/tr〉를 2번 활용하면 된다.

② 〈td〉...〈/td〉를 활용하여 〈tr〉...〈/tr〉로 만든 테이블의 줄 내에 있는 칸을 만들 때에 사용한다. 예를 들어, 한 줄에 두 칸을 만들 때에는 〈td〉...〈/td〉를 두 번 사용하면 되며, 세 칸을 만들 때에는 〈td〉...〈/td〉를 세 번 사용하면 된다.

한편, 두 줄 및 두 칸의 테이블(2 * 2)을 만들려고 하면, 위의 table 명령어에서 〈tr〉에서 〈/tr〉까지를 그대로 복사하여 한 번 더 사용하면 된다. 즉, [그림 2-3]과 같은 테이블을 만들기 위한 HTML 명령어는 다음과 같다.

[그림 2-3] 두 줄 및 두 칸의 테이블

booknewbiz.gif 이미지	new_main_13.gif 이미지
booknewbiz.gif 이미지	new_main_13.gif 이미지

```
<table border=1>
<tr>
  <td>
    <img src="http://www.mis.or.kr/images/booknewbiz.gif"
    width=270>
  </td>
  <td>
    <img src="http://www.mis.or.kr/images/new_main_13.gif">
  </td>
</tr>
<tr>
  <td>
    <img src="http://www.mis.or.kr/images/booknewbiz.gif"
    width=270>
  </td>
  <td>
    <img src="http://www.mis.or.kr/images/new_main_13.gif">
  </td>
</tr>
</table>
```

☞ [참고] 홍보를 위한 다양한 웹 사이트를 개발하고 운영할 때에는 테이블(table) 명령어를 사용하는 것이 좋으며, 위에서 언급한 바와 같이 border=0으로 설정하여 테두리가 보이지 않게 하는 것도 필요하다.

5. 게시판의 글 제목을 클릭하여 게시판의 글로 링크시키는 방법

카페(cafe)의 특정 게시판에 교류모임 혹은 행사에 대한 홍보 글을 등록한 후에 그 글의 제목을 카페의 메인페이지에 등록하고, 네티즌들이 글의 제목을 클릭하면 게시판에 등록되어 있는 글의 내용을 볼 수 있도록 하는 것은 아래의 HTML 명령어로 만들 수 있다.

① 메인페이지에서 텍스트를 클릭했을 때에 특정 게시판으로 링크하기를 활용하면 된다. 아래에서 '사랑나눔회' 대신에 교류모임 혹은 행사제목 및 일정을 입력하면 된다.

```
<a href="http://www.mis.or.kr" target=win1>
<FONT COLOR=RED SIZE=3><B>사랑나눔회</B></FONT></a>

<a href="http://www.mis.or.kr" target=win1>
<FONT COLOR=BLUE SIZE=3><B>창업교육</B></FONT>
<FONT COLOR=RED SIZE=3><B>12월 31일(토)</B></FONT>
</a>
```

② a href="http://www.mis.or.kr"에서 따옴표 내에 게시판

[그림 2-4] 게시판에 등록된 글의 주소(URL)를 확인하기

에 등록되어 있는 글의 제목 위에 마우스를 올려놓고 오른쪽 마우스를 클릭한 후에 [속성] 혹은 링크주소 복사(Copy Link Address)를 선택하여 주소(URL)를 복사하여 입력하면 된다([그림 2-4] 참고). 즉, 게시판에 등록되어 있는 글의 주소(URL)로 링크시키라는 것인데, 결국 그 글의 내용을 볼 수 있도록 한다.

③ target=win1은 새로운 창(웹브라우저)을 열어서 링크를 시킬 때에 사용한다.

④ 위에서 만든 HTML 명령어들을 활용하여 테이블(table)로 만들어도 되는데, 여러 건을 동시에 홍보하고 싶을 때에 유용하게 활용할 수 있다.

☞ **[참고: 홍보 글의 주소(URL)를 확인]** 요즈음 카페(cafe), 블로그(blog), 밴드, 인스타그램, 페이스북 등에 홍보 글을 등록한 후에 해당 홍보 글의 주소를 복사(copy)하여 외부의 웹 사이트에서 HTML 명령어를 활용하여 링크를 시킬 수가 있다. 이를 위해서는 해당 홍보 글의 주소를 복사해야 하는데, 홍보 사이트에 따라 ① 게시물 URL, ② 링크 복사, ③ 주소 복사, ④ Copy link, ⑤ URL 복사, ⑥ 링크 주소 복사 등의 명칭으로 등록한 글의 주소(URL, uniform resource locator)를 제공하고 있다. 따라서 홍보 글을 등록한 후에는 해당 홍보 글의 주소를 복사하여 [3. 텍스트 혹은 이미지를 클릭하여 링크 시키기]에 있는 HTML 명령어를 사용하여 링크(link)시키면 된다.

6. COLSPAN 및 ROWSPAN 명령어의 활용

테이블(TABLE)에서 특정 가로 줄 혹은 세로 줄의 일부를 합치는 경우에는 COLSPAN 및 ROWSPAN 명령어를 사용하면 된다.

① **COLSPAN**: colspan은 가로 줄을 묶는 기능이다. 예를 들어, colspan='2'는 셀 두 개를 하나로 합치게 된다.

② **ROWSPAN**: colspan이 가로 줄을 합친다면, rowspan은 세로를 합치는 기능이다. 예를 들어, rowspan='2'는 위 및 아래의

줄을 하나로 합치게 되며, 세 줄을 하나로 합치게 되면 rowspan ='3'으로 하면 된다.

```
<TABLE border=1>
<TR>
<TD width=100 height=100 COLSPAN=2> 1 </TD>
</TR>
<TR>
<TD width=100 height=100> 3 </TD>
<TD width=100 height=100 ROWSPAN=2> 4 </TD>
</TR>
<TR>
<TD width=100 height=100> 5 </TD>
</TR>
</TABLE>
```

한편, COLSPAN 및 ROWSPAN을 활용하여 테이블(TABLE)을 만들 때에는 다음과 같은 순서로 진행하면 된다.

① 만들어야 하는 테이블(TABLE)이 몇 줄 그리고 몇 칸으로 구성되어 있는지를 파악한 후에 COLSPAN 및 ROWSPAN을 사용하지 않는 상태에서 완전한 테이블을 먼저 만든다.

② <td> 태그 내에 COLSPAN 혹은 ROWSPAN을 포함시킨다.

③ COLSPAN이 사용된 경우에는 <tr>...</tr> 태그 내에 있는 <td>...</td>를 삭제해야 하는데, COLSPAN=2의 경우에는 1개

의 〈td〉...〈/td〉 그리고 COLSPAN=3의 경우에는 2개의 〈td〉...〈/td〉를 삭제해야 한다.

④ ROWSPAN이 사용된 경우에는 바로 아래에 있는 〈tr〉...〈/tr〉 태그 내에 있는 〈td〉...〈/td〉를 삭제해야 하는데, ROWSPAN=2의 경우에는 1개의 〈td〉...〈/td〉를 삭제하면 된다.

⑤ COLSPAN 및 ROWSPAN이 사용된 경우를 고려하여 어디에 있는 〈td〉...〈/td〉를 삭제할 것인가에 대해 신중하게 결정하는 것이 필요하다.

☞ [참고] COLSPAN 및 ROWSPAN을 활용하면 화면 구성을 자유롭게 할 수 있는 장점이 있는데, 개발하고자 하는 웹 사이트의 화면을 바둑판 같이 획일적인 모양보다는 조금 차별적으로 구성할 수 있다.

7. 기타 유용한 HTML 명령어

홍보를 위한 다양한 웹 사이트를 개발하기 위해 부가적으로 사용될 수 있는 HTML 명령어는 다음과 같은데, 네이버 및 구글 등의 포털사이트에서 다양한 HTML 명령어를 검색하여 활용할 수 있다(HTML 명령어, blog.naver.com/dml21wjd).

① **〈br〉**: 〈BR〉은 “line break”를 의미하며, 문단과 문단 사이에 빈 줄을 넣지 않고 줄만 바꾼다. 〈BR〉을 사용할 때에는 〈/BR〉를 사용하지 않는다.

② **〈p〉**: 〈P〉 태그는 단락이 시작하는 곳이나 단락이 끝나는 곳에 넣어서 단락을 구분하는 역할을 한다. 〈P〉 태그를 단락이 시작하는 곳에 넣은 경우에는 단락의 앞에 빈 줄이 생기게 되고, 단락이 끝나는 곳에 넣는 경우에는 단락의 끝 부분에 빈 줄이 생기게 된다. 〈/P〉를 사용하지 않아도 상관없으며, 〈BR〉 태그를 두 번 사용하면 한 번의 〈P〉 태그와 동일한 효과가 발생한다.

③ **〈CENTER〉**: 〈CENTER〉 태그는 문단을 가운데로 정렬시키는데, 〈CENTER〉 이후에 나오는 모든 문단들은 〈/CENTER〉를 만날 때 모두 가운데로 정렬된다.

④ **띄어쓰기( )**: html에서 띄어쓰기를 하기 위해서는 를 한 개 혹은 여러 개를 사용하면 되는데, nbsp는 “none-breaking space”의 약자이다.

⑤ **주석 처리(〈!-- --〉)**: 〈!-- --〉 사이에 필요한 내용을 작성하면 된다.

☞ **[참고]** 뉴비즈니스연구소(http://cafe.daum.net/isoho2jobs)의 [창업강의실+실습교육] 게시판에 있는 HTML 명령어들을 이용하여 스스로 공부하면 되며, 특히 81~82번의 〈FIELDSET〉을 활용한 사례를 활용하면 온라인 홍보 및 광고를 진행하는 데 많은 도움이 될 것이다.

☞ [YouTube 채널: 김영문_travel_and_sbiz]

유튜브(YouTube)에 등록되어 있는 [제2장 HTML의 이해와 활용하기]와 관련된 동영상 강좌는 다음과 같다.

① HTML문서를 만들기 위한 EDITPLUS의 사용방법

② HTML기초(태그, 문서의 구조)

③ HTML 입문 및 활용

④ HTML 명령어로 TABLE 만들기

⑤ frame의 이해와 활용

⑥ HTML문서에 이미지 넣기

☞ [YouTube 채널: 김영문_travel_and_sbiz]

유튜브(YouTube)에 등록되어 있는 [제1장 및 제2장]과 관련된 동영상 강좌는 다음과 같은데, 홍보를 위한 웹 사이트를 개발하고 운영하기 위해서는 포토샵, 이미지 호스팅 사이트 및 HTML을 종합적으로 활용할 수 있는 실무지식을 갖추는 것이 필요하다.

① 포토샵 이미지를 이미지 호스팅 사이트에 등록 및 활용하기

② HTML, 포토샵 및 이미지 호스팅 사이트의 종합 활용

☞ [참고: 웹 브라우저(web browser)의 종류 및 활용]

① 개념과 종류: 웹 브라우저(web browser)는 인터넷 웹페이지에 접속하여 볼 수 있게 해주는 프로그램을 말하는데, 아래의 3가지가 있다.

ⓐ 구글 크롬(Google Chrome)

ⓑ 인터넷 익스플로러(Internet Explorer)

ⓒ 네이버 웨일(Naver whale)

② 활용: 포토샵 및 HTML을 활용하여 웹 사이트를 개발하고 운영할 때에 사용하는 웹 브라우저(web browser)의 종류에 따라 결과 화면이 조금씩 다르게 보이는 경우가 발생할 수 있다. 이에 따라, 본인이 원하는 결과 화면이 나타나지 않을 경우에는 위에서 언급한 다른 웹 브라우저(web browser)를 활용해 볼 필요가 있다.

제3장

구글 사이트 도구를 활용한 홍보사이트 운영하기

1. 구글 사이트 도구란 무엇인가?
2. 로그인(login)하기
3. Google 사이트 도구로 이동하기
4. 웹 사이트를 만들기
5. 홈페이지 편집 화면으로 이동하기
6. URL(인터넷상에서의 위치) 이름을 생성
7. 페이지(메뉴)의 추가
8. 컨텐츠 등록 및 링크(link) 삽입하기
9. 로고(logo) 등록하기
10. 홍보 동영상(UCC) 삽입하기
11. 구글 지도의 삽입
12. 구글 사이트 도구의 저장 용량
13. 구글에서 제공하는 다양한 기능 찾아보기

1. 구글 사이트 도구란 무엇인가?

2008년에 전 세계의 38개 언어를 지원하면서 개발된 구글 사이트 도구(Tools for Google sites)는 별도의 프로그램을 사용하지 않고도 온라인(on-line)에서 홈페이지를 만들 수 있도록 해 주는 서비스이며, 기업의 홍보, 광고 및 상품판매를 위한 웹 사이트(web site)를 개발하여 운영할 수 있다. 또한 교육 분야에서 구글 사이트 도구는 온라인 교육의 효율적인 진행을 위한 수업 플랫폼에 쉽게 접속할 수 있도록 하기 위한 사이트의 개발에도 적극 활용되고 있다(베리타스알파, 2020.4.8.)

하지만, 구글 사이트 도구를 활용하여 웹 사이트를 효과적으로 만들기 위해서는 아래에 대한 기본 실무지식이 필요하다.

① 포토샵으로 홍보 이미지를 만들 수 있는 실무지식
② HTML 명령어를 사용할 수 있는 실무지식
③ 이미지 호스팅 사이트의 활용에 대한 실무지식

사실, 위의 3가지에 대한 실무지식이 없어도 구글 사이트 도구만을 활용하여 웹 사이트(web site)를 개발하여 운영하는 것이 가능할 수도 있지만, 홍보를 위한 웹 사이트를 개발하고 운영하기 위해서는 반드시 필요한 실무지식이다.

☞ [참고: 웹 사이트 빌더(Website Builder)] 전문 지식이나 프로그램 언어를 몰라도 누구나 멋진 홈페이지를 만들 수 있으며, 비용을 지불하지 않고도 쉽게 웹 사이트를 구축할 수 있는 서비스를 말한다(투피쉬, 2021.06.08.).

① 구글 사이트 도구(sites.google.com)

② 윅스(ko.wix.com)

③ 네이버 모두(www.modoo.at)

④ 아임웹(imweb.me)

2. 로그인(login)하기

[사이트 도구 가입하기]를 클릭하여 기존 이메일 주소를 아이디로 사용할 수도 있지만, gmail(구글 메일, gmail.google.com)에 가입 한 후에 아이디로 사용하는 것이 필요하다. 따라서 Google 사이트 도구로 이동하기 전에 구글 메일을 먼저 만들어야 한다.

3. Google 사이트 도구로 이동하기

구글 사이트 도구를 처음 사용하는 경우에는 아래의 ① 및 ②로 접속하여 본인이 홍보하고 싶은 웹 사이트를 만들 수 있는데, [그림 3-1]에서 [Start a new site]를 클릭하여 진행하면 된다.

① 웹 사이트 주소(https://sites.google.com)

② 웹 사이트 주소(https://sites.google.com/new)

③ 홈페이지 개발 사례(https://sites.google.com/view/onoffbusiness)

[그림 3-1] 구글 사이트 도구

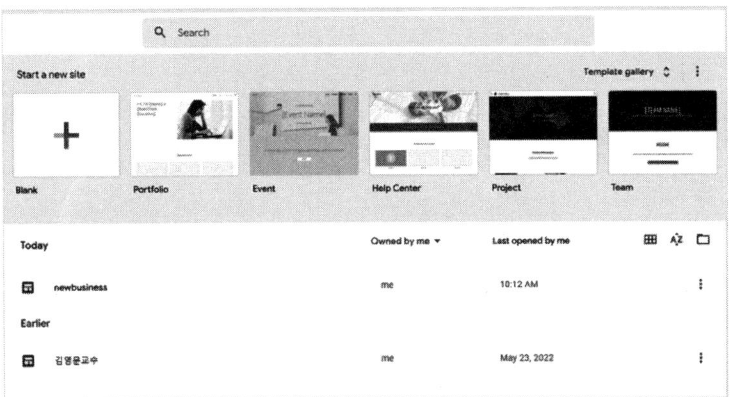

4. 웹 사이트를 만들기

구글 사이트 도구로 새로운 웹 사이트를 만들기 위해서는 아래의 순서로 진행하면 된다.

① **사이트 헤더**(header) **꾸미기**

ⓐ Enter site name(사이트 제목): 전체 홈페이지의 제목을 입력할 수 있으며, 수업시간의 실습에서 개발 및 운영할 때에는 학생의 이름(학번)을 입력할 수도 있다.

ⓑ Your page title(페이지 제목): 페이지의 제목을 입력하면 되며, 오른쪽에 있는 [Pages]에서 (+)를 클릭하여 [Home] 외에 여러 개의 페이지(메뉴)를 추가하는 경우에는 사이트 제목과 페이지 제목을 잘 구분하여 입력하는 것이 필요하다.

ⓒ 로고(logo) 추가: 설정(Settings)－브랜드 이미지(Brand images)에서 기업의 로고(logo)를 추가할 수 있는데, 아래의 3가지를 고려하는 것이 필요하다.

㉮ 높이가 112 픽셀 이상인 포토샵 이미지를 사용한다.

㉯ 로고(logo) 주변의 불필요한 여백을 삭제한다.

㉰ jpg, .png, .gif 파일을 선택하고 열기 또는 선택을 클릭한다.

② **publish**(**사이트 위치, 사이트 주소**)

ⓐ [Your page title]을 입력하고, 오른편 상단에 있는 [publish]을 클릭하여 [Publish to the web]에서 Web address를 입력한 후에 [Publish]를 클릭한다.

ⓑ 아래의 [URL(인터넷상에서의 위치) 이름을 생성]에서 자세하게 설명하고 있다.

③ **테마**(**Themes**) **선택**: 오른쪽 상단에 있는 테마(Themes)를 클릭한 후에 선택하면 되는데, [Create theme]를 선택하여 직접 만들거나 [import theme]를 클릭하여 기존에 만든 테마를 등록할 수도 있다.

④ **옵션 더 보기**(**More, 점3개**): 오른쪽 상단에 있는 [옵션 더 보기]를 클릭하면, 추가적인 메뉴들을 확인할 수 있다.

ⓐ Version history

ⓑ Make a copy

ⓒ Report a problem

ⓓ Privacy Policy

ⓔ Terms of Service

ⓕ Help

ⓖ Take a tour

한편, 구글 사이트 도구를 사용하여 웹 사이트를 만들기(Start a new site)를 할 때에는 위에서 설명한 ① 및 ②만 먼저 진행하며, 그 외에는 나중에 진행해도 된다.

5. 홈페이지 편집 화면으로 이동하기

① Google 사이트 도구(sites.google.com)에서 로그인한 후에 홈페이지 목록 중에서 자신이 편집하고자 하는 홈페이지의 이름을 클릭하여 편집한다. 이를 위해서는 위에서 설명한 웹 사이트를 만들기(Start a new site)에서 ① 및 ②만 진행한 것 중에서 선택하면 된다.

② 오른쪽 상단에 있는 [insert]－[Embed]를 클릭하여 다양한 HTML 명령어를 입력할 수 있으며, 이미지 호스팅(image hosting) 사이트의 활용도 얼마든지 가능하다.

한편, 포토샵으로 만든 이미지들은 이미지 호스팅 사이트에 등록한 후에 홍보, 광고 혹은 상품판매를 위해 활용할 수 있는데, 이미지 호스팅 사이트는 매월 1~3만원을 지불하고 사용하는 유료 사이트들이 많다. 다음(Daum) 혹은 네이버(Naver) 등과 같은 포털사이트에서 이미지 혹은 호스팅 사이트를 검색하면 쉽게 찾을 수 있으며, 제1장에서 설명한 [3. 포토샵 이미지를 서버에 등록하기]를 참고하면 된다.

☞ **[참고: 편집 화면에 있는 7개 메뉴]** 편집화면에 있는 메뉴들은 아래와 같다([그림 3-2] 참고). 특히 구글 사이트 도구를 활용하여 홈페이

[그림 3-2] 편집 화면에 있는 메뉴

지를 만드는 과정에서 Preview(미리보기)를 활용하여 가끔 개발상황을 확인하는 것이 필요하다.

ⓐ Undo last action

ⓑ Redo last action

ⓒ Preview(미리보기)

ⓓ Copy published site link

ⓔ Share with others

ⓕ Settings

ⓖ More(점3개, 옵션 더 보기)

6. URL(인터넷상에서의 위치) 이름을 생성

기업의 홍보, 광고 및 상품판매를 위한 목적으로 개발하는 홈페이지의 주소를 생성하기 위해서는 [publish] – [Publish to the web]에서 Web address를 입력하여 URL(인터넷상에서의 위치) 이름을 생성하면 되는데, 웹 사이트를 만들기(Start a new site)에서 첫 페이지에서 보이는 [Your page title]을 입력한 후에 바로 할 수도 있다.

[예] https://sites.google.com/view/onoffbusiness

한편, 위와 같이 생성된 홈페이지의 주소는 도메인 포워딩을 통하여 일반 도메인처럼 단순하게 될 수 있다. 여기에서 도메인 포워딩(domain forwarding)이란 특정 인터넷주소(URL)를 다른 주소로 연결하여 한 사이트를 두 개의 주소로 공유할 수 있도록 해주는 서비스를 말한다(한국경제, 2000.8.23.). 예를 들어, 아래에 소개하는 도메인 구매 사이트들을 통해서 도메인 포워딩을 활용하여 www.onoffbusiness.co.kr 등과 같은 인터넷주소로 연결(link)시킬 수 있다.

① 아이네임즈(ir.inames.co.kr)
② 후이즈(domain.whois.co.kr)
③ 가비아(domain.gabia.com)
④ 예스닉(www.yesnic.com)

7. 페이지(메뉴)의 추가

오른쪽 상단에 있는 [Pages]에서 (+)를 클릭하여 [Home] 외에 3~5개의 페이지(메뉴)를 추가할 수 있는데, 기업의 홍보를 위한 홈페이지를 만든다고 생각하면 다음과 같은 페이지(메뉴)를 만들 수 있다.

① **회사 소개**: 어떤 기업인가에 대해 설명한다.

② **제품 소개**: 기업에서 생산하거나 판매하는 상품을 소개할 수 있다.

③ **상품 구매**: 상품을 직접 판매하거나 구매할 수 있는 외부 사이트(external site)로 링크(link)시킨다.

④ **고객센터**: 고객과의 연락 혹은 상담을 할 수 있다.

⑤ **제휴와 협력**: 기업과 제휴 혹은 협력을 할 수 있는 정보를 제공한다.

⑥ **홍보 영상**: 기업 홍보를 위한 동영상(UCC)을 웹 사이트(web site)에 직접 삽입하거나 유튜브(Youtube)에 등록되어 있는 기업 홍보 동영상으로 링크(link)시킨다.

⑦ **기타**: 기업 홍보를 위한 부가적인 정보를 제공한다.

또한 추가한 페이지(Pages)의 오른쪽 옆에 있는 점 3개를 클릭

[그림 3-3] subpage 추가하기

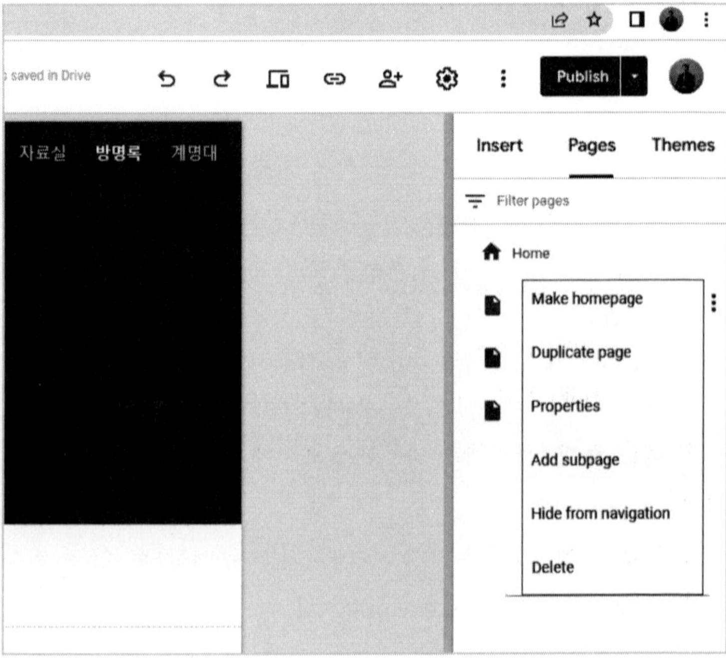

하면 보이는 [Add subpage]를 활용하여 하위페이지(subpage)를 만들 수 있다([그림 3-3] 참고). 아울러, 테마(Themes)를 선택하여 디자인을 깔끔하게 할 수 있다.

한편, [Insert]에 있는 Content blocks 혹은 레이아웃(Layouts)은 특정 페이지의 구조를 짜주는 역할을 하며, 이미지와 텍스트를 입력할 수 있다. 또한 Content blocks을 활용하여 특정 페이지(Pages)를 꾸밀 수 있는데, 그 절차는 아래와 같다.

① 한 개의 레이아웃(Layouts)을 선택한 후에 아이콘 가운데 있는 [+]를 클릭하여 Upload, Select image, From Drive, YouTube, Calendar, Map 중에서 Select image를 클릭하여 이미지를 업로드(Upload)하고,

② [Insert Link]를 클릭한 후에 웹 사이트 주소를 입력한 후에,

③ [Click to edit text]에서 웹 사이트의 이름을 입력하면 된다.

☞ **[참고]** Content blocks 혹은 레이아웃(Layouts)을 활용하여 특정 페이지(Pages)를 꾸미는 것은 오른쪽 상단에 있는 [insert]-[Embed]를 클릭한 후에 HTML 명령어, 포토샵 이미지 및 이미지 호스팅(image hosting) 사이트를 활용하여 만들 수도 있다. 아울러 [Insert]에 있는 Content blocks 혹은 레이아웃(Layouts)을 활용하는 것보다 더 차별성이 있으면서 홍보 효과가 높도록 만들 수 있다는 장점이 있다.

☞ **[참고: 공지사항의 설정]** 설정(Settings)-[Announcement banner]에서 공지사항을 설정할 수 있다.

☞ **[참고]** Insert 메뉴에 있는 유용한 기능

① image carousel(이미지 캐러셀): 여러 장의 이미지를 등록한 후에 사진을 넘겨 볼 수 있는 화면을 구성할 수 있다.

② Button(버튼): 링크(link)를 걸 수 있는 버튼을 만들 수 있다.

8. 컨텐츠 등록 및 링크(link) 삽입하기

구글 사이트 도구를 활용하여 다양한 컨텐츠를 등록하는 것뿐만 아니라 홍보, 광고 및 상품판매를 위한 웹 사이트(web site)를 개발하여 운영할 때에 링크(link) 삽입하기는 아래와 같은 세 가지의 목적을 위해 유용하게 활용할 수 있다.

첫째, HTML 명령어, 포토샵 이미지 및 이미지 호스팅 사이트(image hosting site)를 종합적으로 활용하여 다양한 컨텐츠(contents)를 등록 및 제공할 수 있다.

둘째, 구글 사이트 도구를 활용하여 개발한 웹 사이트(web site)에 다양한 외부 사이트들을 링크(link)시켜서 더욱 더 확장되고 연계된 정보를 제공할 수 있다.

셋째, 이미지 호스팅 사이트(image hosting site)를 활용하게 되면, 구글 사이트 도구를 활용하여 개발한 웹 사이트(web site) 자체에서도 상품의 홍보뿐만 아니라 외부 사이트(external site)를 활용한 상품판매도 얼마든지 할 수 있다. 즉, 전자상거래 혹은 인터넷쇼핑몰의 개발 및 운영도 얼마든지 가능하다.

한편, 링크(link)는 텍스트 혹은 이미지 링크로 구분할 수 있는데, 구체적으로 살펴보면 4가지로 구분할 수 있다.

(1) 텍스트 링크를 삽입하기

① [Insert] – [Text box]를 클릭한 후에 링크시키고자 하는 웹 사이트 이름을 입력한 후에,

② 바로 위에 있는 메뉴 중에서 [Insert Link]를 클릭하여 웹 사이트 주소를 입력하고 [Apply]를 클릭한 후에 [Publish]를 클릭한다.

③ 상단에 있는 [Preview]를 클릭하여 제대로 입력이 되었는지를 확인한다.

④ [Draft][Currently published] 화면에서 최종 확인 후에 다시 [Publish]를 클릭한다.

(2) 이미지 링크를 삽입하기

① 이미지를 삽입한 후에 링크를 걸기 위해서는 [Insert] – [images]를 클릭한 후에 이미지를 [Upload] 시키고 이미지의 크기를 조정한 후에,

② 바로 위에 있는 메뉴 중에서 [Insert Link]를 클릭한 후에 웹 사이트 주소를 입력하고 [Apply]를 클릭한 후에 오른쪽 상단에 있는 [Publish]를 클릭한다.

③ [Draft][Currently published] 화면에서 최종 확인 후에 다시 [Publish]를 클릭한다.

(3) Embed를 활용한 텍스트 혹은 이미지 링크를 삽입하기

① [Insert]－[Embed]를 클릭한 후에 [Embed from the web]－[Embed code]에서 HTML 명령어를 입력하면 된다. HTML 명령어를 입력한 후에는 [Next]－[Insert]를 클릭한 후에 HTML 명령어의 위치를 조정하는 것이 필요하며, 이후 상단에 있는 [Preview]를 클릭하여 제대로 입력이 되었는지를 확인한다.

② [Exit preview]를 클릭한 후에 오른쪽 상단에 있는 [Publish]를 클릭한다.

③ [Draft][Currently published] 화면에서 최종 확인 후에 다시 [Publish]를 클릭한다.

④ [Edit]를 활용하여 수정 혹은 추가한 후에는 [Next]－[Save]를 클릭한다. 또한 [Preview]를 클릭하여 제대로 입력이 되었는지를 확인하고 [Publish]를 클릭하여 [Draft][Currently published] 화면에서 최종 확인 후에 다시 [Publish]를 클릭하면 된다.

(4) 다양한 외부 사이트들에 대한 링크(link)를 삽입하기

위에서 설명한 [Text box], [images] 그리고 [Embed]를 종합적으로 활용하게 되면, 링크(link) 삽입하기의 차원을 넘어서 다양한 종류의 컨텐츠(contents)를 등록할 수도 있으며 아울러 홍보, 광고 및 상품판매를 위한 웹 사이트(web site)를 외부의 여러 사이트들과도 연계 혹은 연동시켜서 운영할 수도 있다. 예를 들어, [7. 페이지(메뉴)의 추가]에서 설명한 다양한 메뉴들의 경우에는 아래와 같은 외부 사이트(external site)들을 활용하여 개발하고 운영하는 것도 얼마든지 가능하다.

① 기업의 홍보를 위한 동영상(UCC)들은 곰믹스(GOM Mix)를 활용하여 만든 후에 유튜브(YouTube)에 등록할 수 있으며, [Textbok], [images] 혹은 [Embed]를 활용하여 유튜브(YouTube)에 등록되어 있는 동영상(UCC)에 접속할 수 있는 링크(link)를 제공할 수 있다.

② 기업에서 생산하거나 판매하고 있는 상품들은 옥션의 스토어(store), G마켓의 미니샵(minishop) 혹은 eBay의 스토어(store)에 등록한 후에 구글 사이트 도구를 활용하여 개발한 기업의 홈페이지에서 링크(link)를 제공할 수 있다. 또한 구글 사이트 도구를 활용하여 전자상거래 혹은 인터넷쇼핑몰의 메인 화면처럼 만든 후에 특정 상품 이미지를 클릭하면, 옥션의 스토어(store), G마켓의 미니샵(minishop) 혹은 eBay의 스토어(store)의 상품구매 페이지로 링크(link)시켜서 상품구매 및 결제를 하도록 만들 수 있다.

③ 기업에서 페이스북(www.facebook.com), 밴드(band.us), 카페(cafe), 인스타그램(www.instagram.com), 트위터(twitter.com) 등 다양한 SNS를 활용하여 홍보 및 상품판매를 하는 경우에도 [Textbok], [images] 혹은 [Embed]를 활용하여 링크(link)를 제공할 수 있다.

④ 기업에서 다음(Daum), 네이버(Naver) 혹은 구글(Google)에 블로그(blog)를 개설하여 다양한 정보를 제공하는 경우에도

[Textbok], [images] 혹은 [Embed]를 활용하여 링크(link)를 제공할 수 있다.

⑤ 그 외에도 구글 사이트 도구를 활용하여 개발한 웹 사이트(web site)에서 제공하지 못하는 기능을 보다 효과적으로 제공할 수 있는 외부 사이트(external site)를 활용하게 되면, 기업의 홍보, 광고 및 상품판매를 위한 사이트는 여러 개가 될 수 있기 때문에 기업의 경영성과는 더욱 향상될 수 있을 것이다.

요약하면, 구글 사이트 도구를 메인페이지 혹은 시작페이지로 활용하여 기업에서 홍보, SNS 활동 및 상품판매를 위해 개발하고 운영하고 있는 다양한 사이트들을 HTML 명령어를 활용하여 연계 및 연동시키면 된다.

☞ **[참고: 컨텐츠 등록하기]** 위에서는 링크(link) 삽입을 활용한 컨텐츠 등록에 대하여 설명을 했는데, 링크(link)를 삽입하지 않는 아래의 방법으로도 다양하고 풍부한 컨텐츠를 등록할 수 있다.

① 텍스트(text) 등록: 삽입(Insert) – 텍스트 상자(Text box) – 텍스트 입력

② 이미지(image) 삽입을 활용한 컨텐츠 등록

③ Embed를 활용한 컨텐츠 등록

9. 로고(logo) 등록하기

로고(logo)는 상품에서는 상표(trade mark)와 같은 역할을 하는데, 회사 혹은 조직을 나타내는 특별한 디자인으로 된 상징을 말한다. 이에 따라 로고는 상표와 유사하게 기호 · 문자 · 도형 또는 이들을 결합한 것으로 만들게 된다.

① 오른쪽 상단의 설정(Settings)을 클릭한다.

② '설정' 창에서 브랜드 이미지(Brand images)로 이동한다.

③ '로고(Logo)' 섹션에서 업로드(Upload) 또는 선택(Select)을 클릭한다.

④ .jpg, .png, .gif 파일을 선택하고 열기를 클릭한다.

⑤ 오른쪽 상단에서 게시(Publish)를 클릭한다.

⑥ 상단에 있는 Preview를 클릭하여 로고(logo)가 등록되었는지 확인한다.

10. 홍보 동영상(UCC) 삽입하기

기업에서 홍보를 위해 제작한 동영상(UCC)은 구글 사이트 도구를 활용하여 개발한 웹 사이트(web site)에 다음과 같은 방법으로 삽입할 수 있다.

① Embed 메뉴를 선택하여 웹 사이트(web site)에 직접 삽입할 수 있다. 하지만, 기업에서 홍보 혹은 상품판매를 위해 제작한 동영상(UCC)의 수가 많은 경우에는 웹 사이트(web site)의 공간을 많이 사용해야 한다는 단점이 있다.

② 위에서 설명한 [텍스트 링크를 삽입하기] 혹은 [이미지 링크를 삽입하기]를 활용하여 유튜브(Youtube)에 등록되어 있는 동영상에 대한 링크(link)를 삽입할 수 있다.

한편, [Insert]－[Embed] 메뉴를 선택하여 기업 홍보를 위한 동영상(UCC)을 웹 사이트(web site)에 삽입하는 절차는 다음과 같다.

① 유튜브(Youtube)에 등록되어 있는 동영상에서 공유(Share)를 클릭한 후에 주소를 복사(Copy)한다.

② 구글 사이트 도구의 편집모드로 들어가서 동영상을 삽입하고자 하는 빈 곳을 클릭한 후에 삽입(Insert) 메뉴에서 Embed 메

[그림 3-4] Exit Preview

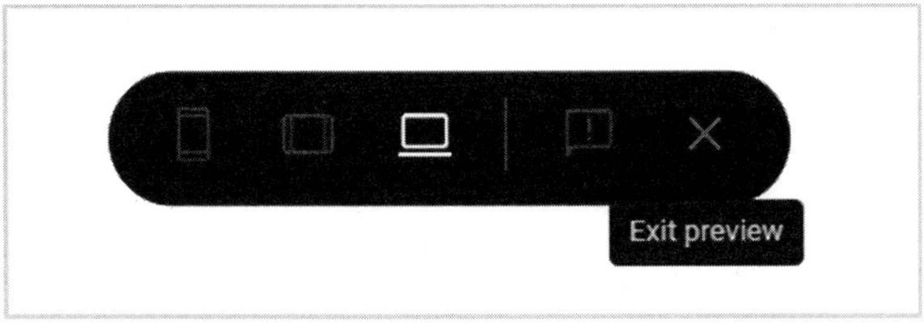

뉴를 선택하고, 다시 By URL을 선택한 후에 동영상의 주소를 복사해 넣도록 한다.

③ Insert를 클릭한 후에 동영상의 크기 및 동영상을 보여줄 위치를 조정하고 상단에 있는 Preview를 클릭하여 확인하고 오른쪽에 있는 Exit Preview를 클릭([그림 3-4] 참고)한 후에 [Draft] [Currently published] 화면에서 최종 확인 후에 다시 [Publish]를 클릭하면 된다.

11. 구글 지도의 삽입

기업 홍보를 위한 웹 사이트에서 회사의 위치를 알려줄 때에는 구글 지도를 삽입하는 것이 좋은데, 그 절차는 아래와 같다.

① 삽입(Insert) 메뉴의 아래에 있는 Map을 선택한 후에,

② [Select a map]에서 찾고자 하는 지역의 검색어를 입력(Enter a location)하여,

③ 원하는 지역의 지도를 찾은 후에 [Select] 버튼을 클릭한다.

④ 마우스를 활용하여 지도의 크기를 조정한 후에 오른쪽 상단에 있는 [Publish]를 클릭한 후에 [Draft][Currently published] 화면에서 최종 확인 후에 다시 [Publish]를 클릭한다.

12. 구글 사이트 도구의 저장 용량

구글 사이트 도구를 사용할 때 사용할 수 있는 저장 용량은 다음과 같으며, 용량이 많지 않기 때문에 구글 사이트에 홍보하고 싶은 컨텐츠를 직접 등록하지 말고 다양한 외부사이트에 등록한 후에 HTML 명령어를 활용하여 링크(link)를 제공하는 것이 필요하다.

① 사이트 크기: 최대 100MB

② 첨부파일 크기: 최대 20MB

13. 구글에서 제공하는 다양한 기능 찾아보기

사이트 도구 고객센터(support.google.com/sites#topic=7184580)에는 아래와 같이 크게 5가지의 내용을 제공하고 있는데, 각 메뉴별로 다양한 내용을 추가적으로 제공하고 있다.

① **Google Sites 시작하기**

ⓐ Google Sites 사용 방법

ⓑ 사이트 만들기, 이름 지정 · 복사하기

ⓒ 사이트 디자인 변경하기

ⓓ 사이트 삭제 또는 복구하기

ⓔ 사이트 변경사항 보기

ⓕ 새 Sites와 기존 Sites 비교하기

ⓖ Google Sites를 이용하려면 무엇이 필요한가요?

ⓗ Google 사이트 도구의 새로운 기능 알아보기

② **만들기**

ⓐ 사이트 만들기, 이름 지정 · 복사하기

ⓑ 페이지 추가, 삭제, 정리하기

③ **수정, 공유, 게시**

ⓐ 텍스트 및 이미지 추가 또는 수정하기

ⓑ 공지사항 배너 추가 및 수정하기

ⓒ Google 파일, 동영상 및 기타 컨텐츠 추가

ⓓ 사이트 디자인 변경하기

ⓔ 사이트 삭제 또는 복구하기

ⓕ 사이트 게시 및 공유하기

ⓖ 게시 전 사이트의 최근 변경사항 검토

ⓗ 다른 사용자가 사이트를 수정할 수 있도록 초대하기

ⓘ 기존 사이트 도구에 가젯, 스크립트 등 추가

ⓙ 사이트에 맞춤 도메인 사용하기

④ **분석, 접근성 및 문제해결**

ⓐ 사이트에 애널리틱스 사용하기

ⓑ 사이트 접근성 개선하기

ⓒ 스크린 리더로 Google Sites 사용

ⓓ Google Sites용 단축키

ⓔ Google Sites 문제 해결하기

ⓕ Google 사이트 도구(기본) 프로그램 정책

ⓖ Google 문서, 스프레드시트, 프레젠테이션, 드로잉, 사이트 도구, 드라이브, 설문지, Jamboard에서 데이터 내보내기

⑤ **기존 Sites를 새 Sites로 이전**

ⓐ 기본 사이트 도구를 새 사이트 도구로 변환하기

ⓑ 기존 사이트를 새 사이트로 전환하지 않으면 어떻게 되나요?

ⓒ 사이트 전환 시 예상할 수 있는 사항

ⓓ 새 Sites와 기존 Sites 비교하기

ⓔ 기본 사이트 도구 분석 및 관리하기

☞ [참고: 구글 사이트 도구의 활용에 관한 자료 링크(link)]

① 구글 사이트 도구 컨텐츠 삽입하기
(blog.naver.com/joosketch/222603883448)

② Google 사이트 도구 매뉴얼(goo.gl/zi8UYr)

☞ [YouTube 채널: 김영문_travel_and_sbiz]

유튜브(YouTube)에 등록되어 있는 [제3장 구글 사이트 도구를 활용한 홍보사이트 운영하기]와 관련된 동영상 강좌는 [열정김선생 TV] 채널에서 아래와 같이 확인할 수 있으며, 유튜브에서 [구글 사이트 도구]를 활용하여 홍보사이트 만들기와 관련된 다양한 동영상들을 검색할 수 있다.

① 구글 사이트 특징과 수업 적용

② 구글 사이트 활용 사례

③ 구글 사이트 만들기

④ 구글 사이트 게시와 공유

⑤ 구글 사이트에 실시간 게임, 그리기 방명록, 낙서판 만들기

⑥ 미리캔버스 이미지로 구글사이트 꾸미기

⑦ 구글 사이트에 음악과 영상 업로드하기

⑧ 구글 사이트와 내 SNS 주소 연결하기

제4장

메이벅스의 이해와 활용하기

1. 메이벅스의 이해
2. 메이벅스의 주요 메뉴
3. 마이채널 및 토큰의 활용
4. 메이벅스를 활용하여 홍보하기

1. 메이벅스의 이해

2017년 8월 20일에 설립된 메이벅스(www.maybugs.com)는 '무당벌레'라는 뜻으로 포스팅을 하거나 댓글을 등록하면 무상으로 메이벅스 토큰을 주는 컨텐츠 보상 플랫폼이며(해시넷 위키, wiki.hash.kr), 온라인 상의 모든 행위에 대한 보상이라는 방침을 가지고 있는 창작자를 위한 수익형 포털사이트이라고 할 수 있다(파이낸스투데이, 2021.5.10.). 또한 메이벅스에서 지급하는 암호화폐 교환 토큰을 메이벅스 토큰(Maybugs Token)이라고 부르는데, 메이벅스 토큰은 매달 말에 지정된 암호화폐로 교환 가능하며 국내 거래소에서 바로 현금화가 가능하다.

2. 메이벅스의 주요 메뉴

메이벅스의 첫 화면은 [그림 4-1]과 같은데, 중요한 메뉴는 아래와 같다.

[그림 4-1] 메이벅스의 첫 화면

① **Post Here**: 다양한 컨텐츠를 등록하는 메뉴이며, 포스트 형태는 다음과 같이 3가지로 구분된다.

ⓐ 일반(General Type)

ⓑ 카드뉴스(Card Type)

ⓒ 동영상(Video Type)

② **My Channel**: 가입자의 채널에 대한 정보를 제공하고 있는데, 메이벅스에서 활동하고 있는 모든 내역을 5가지로 구분하여 확인할 수 있다.

ⓐ 토큰 지갑(Token Wallet)

ⓑ 내가 작성한 포스트(My Postings)

ⓒ 내가 받은 댓글(Given Comments)

ⓓ 내가 쓴 댓글(My Comments)

ⓔ 내 댓글의 답글(Re-comments)

③ **공지&미션**: 공지&이벤트(Notice & Event)에서는 공지사항을 확인하거나 다양한 이벤트에 참여하여 많은 벅스(BUGS 혹은 Token)를 받을 수 있다.

④ **쇼핑**: 메이벅스에서 지급받은 토큰(Token)은 메이벅스몰(maybugsmall.com)에서 상품을 구매할 때에 사용할 수 있다.

3. 마이채널 및 토큰의 활용

메이벅스 플랫폼에는 마이채널(my channel) 및 팔로우 기능 등의 SNS 기능 외에도 포털 검색엔진이 장착되어 있는데, 단순 블로그 플랫폼이 아닌 블로그 기능이 강조된 보상형 포털 사이트의 성격도 있다는 평가를 받고 있다([그림 4-2] 참고). 이에 따라, 메이벅스(Maybugs)는 글을 포스팅하고 추천, 댓글 등이 등록되면 그에 비례하여 보상으로 코인을 지급해주는 맞춤형 컨텐츠 보상 플랫폼이며(아이티비즈, 2018.07.17.), 한국의 스팀잇(www.steem.

[그림 4-2] 메이벅스의 마이채널

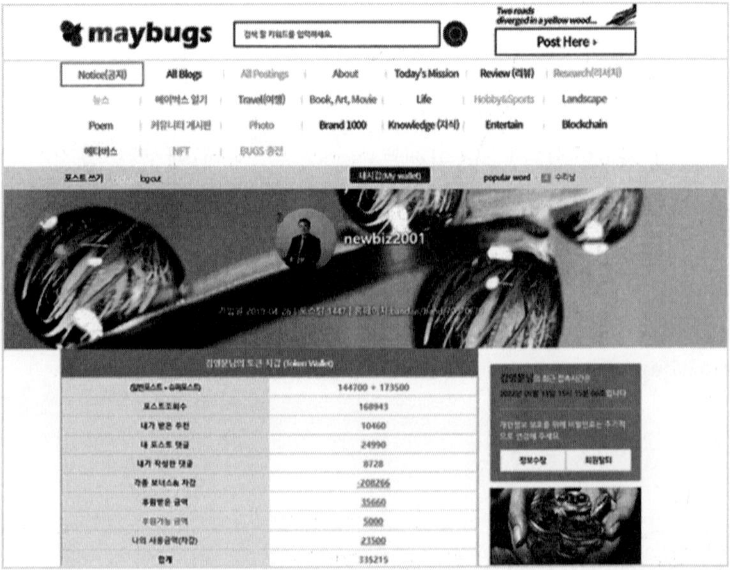

it)이라고 불린다.

또한, 메이벅스에서는 회원들의 포스트와 댓글에 대한 보상을 아래와 같이 지급하며, 메이벅스 토큰(BUGS)은 자동 계산되며 실시간으로 '마이채널' 화면 하단에 표시된다.

① **메이벅스에 포스트 쓰기**: 포스트당 100 Bugs(하루 5포스트 한도)

② **포스트에 댓글 쓰기**(60글자 이상): 50 BUGS

③ **내 포스트에 달린 댓글 1개당**: 20 BUGS

④ **내 포스트 추천수 1개당**: 10 BUGS

⑤ **슈퍼포스트 보너스**: 500 BUGS

⑥ **Notice(공지)에서 진행하는 다양한 미션**: 500-1,000 BUGS

한편, 메이벅스에서 다양한 활동을 하면서 받게 되는 토큰(BUGS)은 메이벅스몰(maybugsmall.com)에서 상품을 구매할 때에 사용할 수 있는데, 주문총액의 35~50%를 토큰(Token 혹은 BUGS)으로 결제할 수 있는 것이 장점이다. 구매자의 입장에서 생각하면 35~50%를 할인받아 구매하는 효과가 있다고 할 수 있다.

4. 메이벅스를 활용하여 홍보하기

위에서도 언급하였듯이 메이벅스는 블로그 기능이 강조된 보상형 포털 사이트의 성격으로 운영되고 있기 때문에 다양한 방법으로 홍보할 수 있다.

① 메이벅스를 활용하여 홍보를 하는 경우에는 [Post Here]에서 다양한 홍보 컨텐츠를 등록하는 것이 필요하며, 포스트 등록(Resister Post)을 할 때에는 1차 섹션(Category select) 및 2차 섹션(Sub Category select)을 다양하게 선택하는 것을 생각할 수 있다.

② 댓글(Given Comments)을 많이 받을 수 있도록 제목, 사진추가 및 태그 입력을 할 때에는 최근의 유행 혹은 트렌트를 반영하는 것이 필요하다.

③ 포스트 형태(Post type)도 일반(General Type)뿐만 아니라 동영상(Video Type)을 적극 활용하는 것이 필요하며, 유뷰트 등의 사이트에 동영상을 등록한 후에 영상소스를 복사하여 [동영상태그]에 붙여넣기 하면 된다.

④ 다른 사람이 등록한 글에 다양한 댓글을 등록함으로써 인맥을 형성하고 이를 활용하여 본인의 사이트(블로그)를 팔로우(follow)하도록 하는 것이 필요하다.

☞ [YouTube 채널: 김영문_travel_and_sbiz]

유튜브(YouTube)에 등록되어 있는 메이벅스(maybugs)과 관련된 동영상 강좌는 다음과 같다.

① 메이벅스(maybugs)의 이해와 활용

② 메이벅스 보상 플랫폼 소개 영상

제5장

동영상(UCC) 제작 및 활용하기

1. 동영상(UCC) 편집 프로그램
2. 무비메이커를 활용한 동영상(UCC) 만들기
3. 곰믹스(GOM Mix)를 활용한 동영상(UCC) 만들기
4. 동영상 변환 및 용량 줄이기
5. 동영상(UCC)의 등록 및 홍보
6. 동영상(UCC)을 활용한 홍보 및 상품판매

홍보를 위한 동영상(UCC) 제작은 다양한 방법으로 제작한 후에 배포되고 있는데, 예를 들어 경기지방중소벤처기업청에서는 경기지역 중소벤처기업을 대상으로 수출 지원사업 및 수출 기초 교육 동영상(UCC)을 제작하여 SNS를 통해 홍보를 하고 있다(경기신문, 2022.12.22.). 또한 홍보 동영상은 다양한 편집프로그램을 활용하여 기업 혹은 판매하고자 하는 상품에 관한 홍보 동영상을 제작한 후에 유튜브(YouTube) 혹은 홍보 사이트에 등록을 하는 일련의 과정으로 진행되는데, 이를 위해서는 먼저 홍보 동영상(UCC)을 효과적으로 만들 수 있어야 한다.

1. 동영상(UCC) 편집 프로그램

기업에서 고객들을 대상으로 홍보하고 싶은 내용들을 동영상(UCC)으로 제작할 수 있도록 도와주는 편집 프로그램은 아래와 같이 다양하며, 네이버 블로그(blog.naver.com/ordinarykey)에서는 곰믹스(GOM Mix)를 1순위로 추천하고 있다, 또한 유튜브(YouTube)에서 검색해 보면 이러한 동영상 편집프로그램들을 활용하여 어떻게 동영상을 만들 수 있는가에 대한 강좌들이 많이 개설되어 있다.

① 곰믹스(GOM Mix)

② 무비메이커(movie maker)

③ 프리미어 프로(Premiere Pro)

④ 알씨 동영상

⑤ 모바비(Movavi)

⑥ VideoShow

⑦ 움짤

2. 무비메이커를 활용한 동영상(UCC) 만들기

무비메이커(movie maker)는 2000년 9월에 마이크로소프트(Microsoft)에서 발표한 영상 제작 및 편집 소프트웨어이다(위키백과, ko.wikipedia.org). 유튜브(YouTube)에 홍보 혹은 상품 판매를 목적으로 하는 동영상을 등록하기 위해 무비메이커(movie maker)를 활용하여 동영상(UCC)을 제작하면 되는데([그림 5-1] 참고), 그 절차는 다음과 같다.

① [비디오 및 사진 추가]를 활용하여 비디오 및 사진을 추가한다.

② 사진은 [편집]–[재생시간]에서 재생시간을 조절한다.

[그림 5-1] 무비메이커의 첫 화면

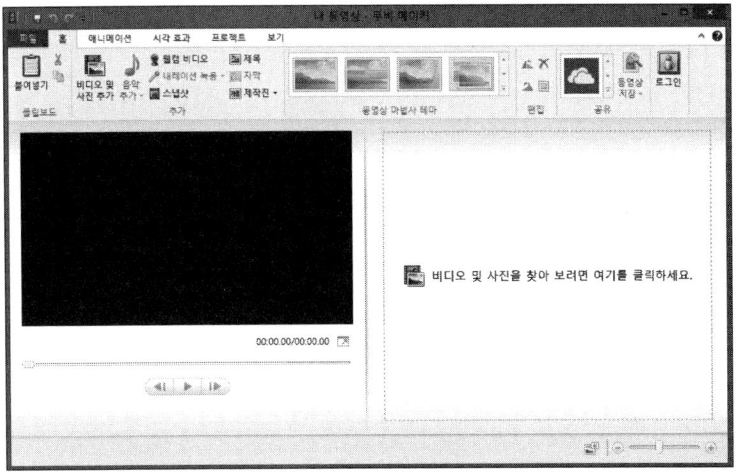

③ 동영상에 [제목], [자막] 및 [제작진]을 넣는다.

④ 기타 다양한 기능을 사용하여 동영상의 완성도를 높인다.

⑤ [프로젝트 저장(S)]를 클릭하여 동영상 프로젝트 파일을 저장해야 하는데, 나중에 수정 및 보완하기 위해서는 프로젝트 파일은 꼭 보관하는 것이 필요하다.

⑥ [동영상 저장]을 클릭한 후에 인터넷에 등록할 동영상을 컴퓨터용(C)으로 저장한다.

☞ [참고] 무비메이커는 네이버, 다음, 구글 등의 포털사이트에서 "무비메이커 다운로드"를 검색하여 다운을 받아서 사용할 수 있다.

3. 곰믹스(GOM Mix)를 활용한 동영상(UCC) 만들기

곰믹스(GOM Mix)는 개인방송 시대에 사용할 수 있는 대표적인 동영상 편집 프로그램으로 추천되고 있으며(테크노아, 2021.12.06.), 곰믹스를 활용하여 동영상(UCC)을 만드는 절차는 아래와 같은 단계로 진행하면 된다. 또한 위에서 설명한 무비메이커에 비해 사용하기가 쉽다는 장점이 있다.

① 먼저 곰믹스 다운로드 및 설치는 곰믹스(www.gomlab.com)에서 하면 되며, 곰믹스는 3개의 화면으로 구성되어 있다([그림 5-2] 참고).

ⓐ 미리보기 화면

ⓑ 구성요소 추가와 편집 화면

ⓒ 타임라인

② **영상/이미지 불러오기**: 동영상 제작에 사용할 영상/이미지 파일들을 우측 상단에 있는 [미디어 소스]-[파일 추가]에서 추가하면 되며, 추가된 영상 파일을 더블클릭하면 타임라인 화면에 영상이 자동으로 추가된다. 하지만, [파일 추가]로 가져온 이미지는 마우스로 파일을 선택한 후에 타임라인으로 끌어 놓으면 되며, 이미지의 재생시간은 타인라인에 있는 이미지를 클릭하여 노란색 테두리가 생긴 상태에서 마우스로 너비를 조절하여 늘리

[그림 5-2] 곰믹스의 첫 화면

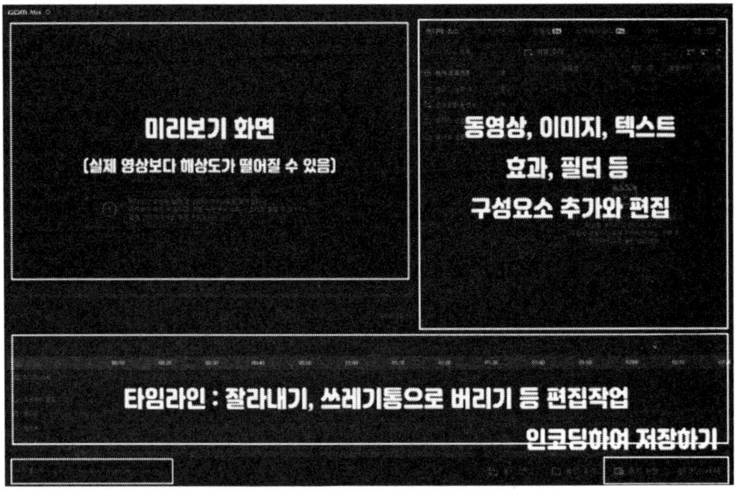

출처: blog.naver.com/wildnan

거나 줄이면 된다. 이 때에 타임라인에 있는 확대(Ctrl+1) 및 축소(Ctrl+2) 키를 사용하여 이미지의 너비를 충분히 조절한 후에 재생시간을 늘리거나 줄이면 된다.

③ **소스 박스 정리하기**: 처음에 영상 소스들을 불러오면 순서 없이 소스 박스(구성요소 추가와 편집 화면)에 모두 들어가는데, 사용하지 않는 영상은 클릭한 후 삭제(Delete) 키를 통해 소스 박스에서 삭제할 수 있다. 또한 [파일 추가] 버튼으로 불러온 영상들은 타임라인으로 추가할 순서를 사전에 결정한 후에 하나씩 추가하는 것이 필요하다.

④ **타임라인에 영상/이미지 정렬하기**: 소스 박스에 있는 영상

들을 순서대로 타임라인에 정렬시켜야 하는데, 소스 박스에 불러온 영상을 더블 클릭하면 미디어 소스에 자동으로 들어가게 된다. 하지만, 불러온 영상의 일부를 잘라내야 하는 경우에는 타임라인 바로 위에 있는 가위 모양의 아이콘을 눌러서 불필요한 구간을 잘라내기 해주면 되는데, 이를 위해서는 다음과 같이 진행하면 된다.

ⓐ 재생헤드(빨강색 막대)를 자르기를 시작하는 곳에 위치시킨 후에 가위 모양의 자르기(Ctrl+X) 이미지를 클릭한다.

ⓑ 재생헤드(빨강색 막대)를 자르기가 끝나는 곳에 위치시킨 후에 가위 모양의 자르기(Ctrl+X) 이미지를 클릭한다.

ⓒ 타임라인의 미디어소스에서 자르기를 해야 하는 부분을 클릭한 후에 삭제(Delete)를 클릭한다.

ⓓ 영상들을 모두 타임라인에 정렬시킨 후에 이미지들은 마우스로 클릭한 후에 [미디어 소스]의 원하는 위치로 끌고 가면 된다,

⑤ **음악 추가하기**: 영상을 불러온 것처럼 동일하게 음악 파일도 불러오면 되며, 소스 박스에 있는 음원을 클릭한 후에 아래에 있는 [오디오]로 끌고 가면 된다,

⑥ **제목 및 자막 추가하기**: 소스 박스 상단 [텍스트/이미지] 탭 클릭 후 우측에 [텍스트 추가] 버튼을 클릭한 후에 제목 및 자막을 입력할 수 있다.

ⓐ 제목을 입력할 때에는 재생헤드(빨강색 막대)를 타임라

인의 맨 처음에 위치시킨 후에 동영상의 제목을 입력하고 [적용]을 클릭하면 된다. 또한 타임라인에 있는 [텍스트]를 클릭하여 노란색 테두리가 생긴 상태에서 마우스로 노란색 박스의 너비를 조절하여 제목의 재생시간을 늘리거나 줄이면 된다.

ⓑ 자막을 입력할 때에는 [미리보기 화면]에 있는 영상을 재생시켜서 재생헤드(빨강색 막대)를 자막을 넣는 곳에 위치시킨 후에 자막을 입력하고 [적용]을 클릭하면 된다. 또한 타임라인에 있는 [텍스트]를 클릭하여 노란색 테두리가 생긴 상태에서 마우스로 노란색 박스의 너비를 조절하여 자막의 재생시간을 늘리거나 줄이면 된다.

ⓒ 영상에 제목 및 자막을 입력하는 방법은 거의 동일한데, 제목은 영상의 맨 처음 그리고 자막은 영상의 중간에 추가한다는 점에서 차이가 있다.

⑦ **영상 점검 및 조절**: 영상과 음악, 제목 및 자막까지 모두 작업이 완료된 후에는 영상 길이를 최정 점검한 후에 조절하면 된다.

⑧ **영상출력을 위한 인코딩**: 영상의 편집작업이 완료된 후에는 영상을 출력하기 위한 [인코딩] 작업이 필요하다. 이를 위해서 아래의 마무리 작업이 필요하다.

ⓐ 곰믹스 우측 하단에 [출력 설정]을 클릭하여 영상의 화면크기를 설정하는 것이 필요하다.

ⓑ 우측 하단에 있는 [인코딩 시작] 버튼을 누른 후에 저장경로 설정, 파일 이름 설정을 입력하고 [인코딩 시작] 버튼을 누

르면 영상이 출력된다.

⑨ 인코딩이 완료된 동영상은 유튜브(YouTube) 등 다양한 홍보사이트에 등록하면 된다.

한편, 위에서 설명한 곰믹스(GOM Mix)를 활용하여 동영상(UCC)을 만들 때에 고려해야 할 사항들을 정리하면 다음과 같다.

① 동영상(UCC)을 만들기 위해서는 직접 촬영한 영상뿐만 아니라 사진(혹은 포토샵 이미지)을 미리 준비해야 하는데, 촬영한 사진의 경우에는 포토샵를 활용하여 홍보 이미지로 만들어야 한다.

② 직접 촬영한 영상 중에서 필요 없는 내용은 자르기(Ctrl+X) 및 삭제(Delete) 기능을 활용하여 삭제하면 된다.

③ 사진(혹은 포토샵 이미지)은 등록한 후에 재생시간을 조절하면 되는데, 사진을 확대(Ctrl+1) 혹은 축소(Ctrl+2)한 후에 사진의 끝부분에서 커서(↔)로 조절하면 된다.

④ 동영상(UCC)의 맨 처음에는 [텍스트/이미지]-[텍스트 추가]에서 제목을 입력하면 되며, 영상의 중간에 자막도 추가할 수 있다.

⑤ 편집한 동영상(UCC) 파일은 프로젝트로 저장(Ctrl+S)한 후에 보관하는 것이 필요하며, 홍보사이트에 등록할 동영상(UCC)은 [인코딩 시작]으로 저장하면 된다.

☞ **[참고: 곰믹스 사용 방법]** 곰믹스(GOM Mix)를 활용하여 동영상을 제작하는 방법에 대해 더 많은 정보가 필요하면 아래의 사이트에서 확인할 수 있다.

① 곰믹스 사용법: 아무것도 몰라도 영상 편집한다
(ryun1004.tistory.com/739)

② "완전 초보"도 한번 보면 따라하는 무료 영상편집 프로그램 팁
(post.naver.com/my.naver?memberNo=12179716)

③ 셀리가 알려주는 쉬운 유튜브 동영상 편집 프로그램 곰믹스 프로 사용법
(blog.naver.com/eh919/222510835972)

4. 동영상 변환 및 용량 줄이기

스마트폰으로 촬영한 mp4 파일의 동영상을 avi 파일의 동영상으로 변환하거나 무비 메이커로 만든 동영상(UCC)의 용량을 줄일 때에는 팟 인코더(Pot Encoder)를 활용하면 되는데, 팟 인코더(Pot Encoder)는 다음(Daum)에서 무료로 다운받을 수 있다([그림 5-3] 참고). 아울러 팟 인코더는 긴 영상에서 필요한 부분만 자르거나 여러 개의 영상을 합치고 싶을 때, 또 동영상의 앞뒤에 오프닝과 엔딩을 삽입할 수도 있는 기능도 제공하고 있다(케이벤치

[그림 5-3] 팟 인코더

2010.2.23.).

또한, 팟 인코더의 특성 및 유의사항은 다음과 같다.

① 여러 개의 동영상을 불러서 한꺼번에 용량을 줄일 수 있다.

② 인코딩 옵션에서 “100M인코딩”을 선택하는 것이 좋다.

③ 저장 폴더에서 인코딩된 동영상을 저장할 폴더를 지정해야 한다.

한편, 팟 인코더(Daum Pot Encoder)는 무료 동영상 인코딩 소프트웨어다. 다음 팟 인코더는 사실 2020년 현재를 기준으로 보았을 때에 더 이상 프로그램 업데이트가 되고 있지 않은 실정이다. 그럼에도 불구하고 사용하기 편리하며 유용한 기능을 제공한다는 점에서 아직도 많은 사람들이 이용하고 있다(ndb796.tistory.com/452).

5. 동영상(UCC)의 등록 및 홍보

홍보를 위해 제작이 완료된 동영상(UCC)은 아래에서와 같이 다양한 사이트에 등록할 수 있는데, 많은 사람들이 접속하거나 검색하는 웹 사이트에 등록하는 것이 효과적이다.

① **유튜브**(www.youtube.com): 동영상을 등록한 후에 Your channel(오른편 상단에 있는 channel icon을 클릭하면 있음)을 클릭하면 본인이 등록한 모든 동영상들을 확인할 수 있다([그림 5-4] 참고).

② **네이버**(www.naver.com): 카페(cafe), 블로그(blog) 등에 등록하면 된다.

③ **다음**(www.daum.net): TV팟(tvpot.daum.net), 카페(cafe), 블로그(blog) 등에 등록하면 된다.

④ **판도라TV**(www.pandora.tv)

⑤ **SNS**: 트위터(www.twitter.com), 페이스북(www.facebook.

[그림 5-4] 유튜브의 Your channel

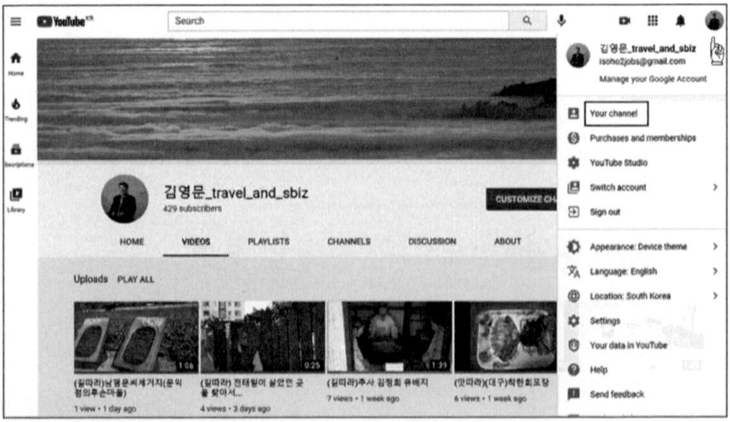

com) 등에 등록한다.

⑥ **기타**: 홍보를 위해 제작된 동영상을 등록할 수 있는 다양한 사이트에 등록한다.

한편, 유튜브(youtube)에 등록한 동영상은 아래와 같은 방법으로 SNS 혹은 다양한 웹 사이트 공유(share)를 할 수 있는데([그림 5-5] 참고), 홍보 혹은 상품을 판매하는 인터넷창업의 목적으로 제작된 동영상은 우선 유튜브에 등록한 후에 다양하게 활용할 수 있다.

① [Embed]를 클릭한 후에 Embed Video의 소스를 복사((Ctrl+C)하여 HTML 명령어를 사용할 수 있는 SNS 혹은 다양한 웹 사이트에 붙여넣기(Ctrl+V)를 할 수 있다. 또한 소스 내에 있는 동영상의 크기(width="560" height="315")를 조절하여 붙여넣

[그림 5-5] 유튜브에 등록된 동영상의 공유

기(Ctrl+V)를 할 수도 있다.

② [그림 5-5]에 있는 COPY를 클릭한 후에 동영상의 소스(https://youtu.be/js3bEBLzTrg)를 원하는 SNS 혹은 다양한 웹 사이트에 붙여넣기(Ctrl+V)를 할 수도 있다.

③ 또한 [그림 5-5]에서 확인할 수 있는 Facebook, Twitter, 카카오스토리 등의 사이트를 클릭한 후에 동영상을 공유(share)할 수도 있다.

☞ [참고] 홍보를 위해 제작하는 동영상(UCC)은 재생시간을 짧게 하여 여러 개를 제작한 후에 등록하는 것이 홍보 효과를 향상시킬 수 있다. 예를 들어, 동영상(UCC) 1개의 재생시간이 10분이라면, 5분 분량의 2개 혹은 3~4분 분량의 3개를 제작한 후에 다양한 웹 사이트에 등록하는 것도 고려할 수 있다.

6. 동영상(UCC)을 활용한 홍보 및 상품판매

(1) 동영상(UCC)을 활용한 홍보

동영상(UCC)을 제작하거나 등록하는 과정에서 홍보 효과를 높이기 위해서 고려해야 할 점들은 아래와 같다.

① 동영상(UCC) 내에 회사의 주소, 전화번호 및 상품을 구매할 수 있는 전자상거래 사이트의 주소 등을 하나의 사진(이미지)으로 만들어서 추가시키는 것이 좋으며, 사진(이미지)의 재생 시간은 2~3초로 설정하여 메모할 시간이 충분하도록 설정하는 것이 필요하다.

② 위에서 제시한 다양한 웹 사이트에 등록한 동영상(UCC)의 설명부분(Comments)에 기업의 웹 사이트 주소를 포함시키는 것은 웹 사이트의 홍보 및 접속에 많은 도움이 될 수 있다.

③ 최대한 많은 수의 동영상(UCC)을 제작하고 등록하는 것은 홍보의 효과를 높일 수 있으며, 이를 위해 10분 분량의 동영상 한 개를 2~3분 분량의 4~5개의 동영상으로 제작하여 동영상(UCC)의 수를 늘리는 것도 생각할 수 있다.

④ 동영상을 등록한 웹 사이트에서 동영상별 플레이(play) 수를 조사하여 어떤 동영상을 많이 보았는지를 분석하는 것은 향

후 추가적인 동영상을 제작하는 데 도움이 될 수 있다.

⑤ 동영상을 카카오톡(Kakaotalk)을 활용하여 전송할 수도 있는데, 위에서 설명한 다음 팟 인코더(Daum Pot Encoder)를 활용하여 20M 이하로 용량을 줄이면 얼마든지 전송이 가능하다.

요약하면, 동영상(UCC)을 활용한 홍보는 홍보뿐만 아니라 상품판매로 연결될 수 있도록 제작하고 관리하는 것이 필요하며, 너무 긴 동영상의 경우에는 끝까지 구독하지 않을 수도 있다는 것을 고려해야 한다.

(2) 동영상(UCC)을 활용한 상품판매

특정 상품을 홍보하면서 판매를 하는 목적으로 제작된 동영상(UCC)은 세 가지의 방법으로 활용할 수 있다.

첫째, 동영상(UCC) 내에 상품을 구매할 수 있는 SNS 혹은 전자상거래 사이트의 이름 및 주소를 포함시킬 수 있는데, 제목, 자막 혹은 제작진 부분을 활용하여 주소를 입력할 수 있다.

둘째, 홍보를 하고 싶은 상품들을 동영상(UCC)으로 제작하여 유튜브(www.youtube.com)에 등록한 후에 상품을 판매하는 전자상거래 혹은 다른 SNS의 상품구매 페이지의 주소를 해당 동영상(UCC)의 댓글(Comments)로 등록하면 된다([그림 5-6] 참고). 즉, 유튜브에서 특정 상품을 홍보하는 동영상을 본 고객이 댓글(Comments)에 있는 전자상거래 사이트 혹은 다른 SNS의 상품구매 페이지로 바로 접속하여 상품을 구매할 수 있도록 할 수 있다.

[그림 5-6] 유튜브에 등록한 동영상을 연계한 상품판매

셋째, 동영상(UCC)의 댓글(Comments)을 고정시킬 수 있는데, 위에서 설명한 전자상거래 사이트 혹은 다른 SNS의 상품구매 사이트 주소를 등록한 후에 고정(pin)시키면 된다. 예를 들어, 댓글 오른쪽에 있는 더 보기(점 세 개)를 클릭한 후에 팝업 메뉴에서

[그림 5-7] 댓글 고정(pin)시키기

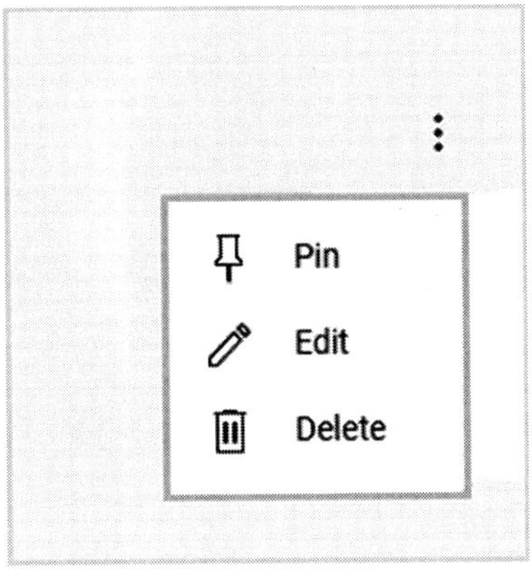

고정(pin)을 선택하게 되면([그림 5-7] 참고), 동영상(UCC)으로 홍보하고 있는 상품을 구매할 수 있는 전자상거래 사이트 혹은 다른 SNS의 상품구매 사이트를 맨 위에 위치시킬 수 있기 때문에 상품의 홍보뿐만 아니라 상품판매에도 많은 도움이 될 수 있다.

(3) 라이브방송을 활용한 홍보 및 상품판매

동영상(UCC)을 활용한 홍보 및 상품판매에서 한 가지 더 생각해 볼 것은 라이브방송(live broadcast)을 활용한 홍보 및 상품판매라고 할 수 있는데, TV홈쇼핑의 개념을 웹(web)에서 활용하는 방식이라고 생각하면 된다. 사실, 국내에서는 코로나의 영향으로 인해 대부분의 초·중·고등학교 및 대학교에서도 동영상을 활용한 비대면 수업이 활발하게 진행되면서, 다양한 라이브방송 혹은 실시간 학습이 가능한 시스템이 아래와 같이 개발 및 출시되고 있는 실정이다.

① [2020 신학기 밴드 캠페인]을 진행한 네이버 밴드의 경우에는 '라이브 방송'으로 실시간 강의도 가능하도록 지원하고 있는데(한국경제, 2020.4.16.), 이것을 활용하면 라이브방송을 활용한 홍보 및 상품판매가 가능하다.

② 카카오톡은 40명이 동시에 실시간 강의를 시청할 수 있는 '라이브톡' 서비스를 지원하고 있는데(뉴스토마토, 2020.4.9.), '라이브톡'은 소규모 고객들을 대상으로 상품을 홍보하고 판매할 수 있도록 활용될 수 있다.

③ 유튜브를 활용하면 다수의 영상과 실시간 방송을 활용하여 라이브 커머스(live commerce)가 가능한데(컨슈머타임스, 2021.01.21.), 이것은 같은 시간에 하나의 방송밖에 할 수 없는 홈쇼핑 채널의 단점을 획기적으로 극복할 수 있다,

④ 유튜브의 Creator Academy(creatoracademy.youtube.com/page/home)에서 [카탈로그]-[수익과 비즈니스]를 클릭하여 살펴보면 [상품을 판매하여 수익 창출하기]에 대하여 자세하게 설명하고 있다.

ⓐ 강의 1(훌륭한 상품 만들기)

ⓑ 강의 2(가치를 더하는 상품)

ⓒ 강의 3(판매를 위한 계획)

한편, YouTube를 활용한 홍보 및 비즈니스 사례는 다음과 같다.

① 애니플러스(www.youtube.com/c/ANIPLUSINC)에서는 일본의 애니메이션을 애니플러스(www.aniplustv.com)와 연계시켜서 컨텐츠 유통 사업과 상품화 사업을 진행하고 있다.

② 박막례 할머니(www.youtube.com/watch?v=BnmL_KbnStE)는 핫 팩을 더블유라이트 사이트와 연계시켜서 판매하고 있다(디지털조선일보, 2020.06.10.).

☞ [YouTube 채널: 김영문_travel_and_sbiz]

유튜브(YouTube)에 등록되어 있는 홍보를 위한 동영상(UCC) 제작 및 활용과 관련된 강좌는 다음과 같다.

① 무비메이커(Movie Maker)를 활용한 동영상(UCC)만들기

② 홍보동영상(UCC)을 조금 더 잘 만들기

③ HTML, 동영상UCC 및 YouTube의 종합 활용

제6장

카페(cafe)의 개발 및 운영하기

1. 네이버 카페(cafe)의 개발 및 운영

2. 다음 카페(cafe)의 개발 및 운영

3. 카페(cafe)를 성공적으로 운영하기 위한 전략

인터넷으로 홍보할 수 있는 다양한 방법 중에서 카페(cafe)를 개발하여 운영하는 것은 기업의 고객들을 대상으로 하는 커뮤니티(community)를 운영한다는 관점에서 장점이 많다. 예를 들어, 동남권원자력의학원 외과의사들의 경우에는 진료시간에 미처 하지 못했던 질문부터 치료에 대한 일반적인 오해와 새로운 치료법까지 인터넷 카페를 개설하여 환자들에게 직접적인 도움을 주고 있다(데일리메디, 2021.8.10.). 이에 따라 본 장에서는 네이버 카페(cafe) 및 다음 카페(cafe)를 개발하고 운영하는 방법에 대해 자세하게 설명할 것이다.

1. 네이버 카페(cafe)의 개발 및 운영

(1) 카페(cafe) 만들기

2003년에 서비스를 시작한 국내 '원조 커뮤니티'인 네이버 카페는 커뮤니티(community)의 수준을 넘어 새로운 비즈니스 플랫폼으로 자리 잡고 있는 실정이다(뉴스1, 2022.7.5.). 이에 따라 10~20대뿐만 아니라 신규 사용자가 지속적으로 유입되고 있는 실정이어서, 네이버 카페(cafe)를 활용한 홍보 그리고 비즈니스는 크게 확산될 전망이다. 한편, 네이버 카페(cafe)를 개발하는 방법은 다음(Daum) 카페와 크게 차이가 없으며, 아래의 순서로 진행하면 된다.

① 카페홈(section.cafe.naver.com)에서 [카페만들기]를 클릭한다.

② [그림 6-1]의 [카페만들기]에서 카페이름부터 시작하여 꼼꼼하게 확인하면서 모두 입력한 후에 [확인]을 클릭하면 기본적인 모양의 카페가 만들어진다.

③ [카페관리]를 클릭하여 [관리홈]에 있는 메뉴들을 하나씩 클릭해 가면서 설정하는 것이 필요하다([그림 6-2] 참고). 다만, 어떤 메뉴의 경우에는 특별히 설정할 필요가 없을 수도 있지만, 카페 운영자의 비즈니스(new business start-up)를 조금 더 체계적으로 지원하기 위해서 어떤 메뉴들을 조금 더 효과적으로 활용할 것인가에 대해서도 깊이 생각하는 것이 필요할 것이다.

④ 네이버 카페(cafe)를 기업 혹은 상품에 대한 홍보를 목적으로 만드는 경우에는 카페의 회원이 많아지게 될 때에는 상품판매와도 연계될 수 있도록 네이버 카페에서 제공하는 [상품등록게시판]과 같은 메뉴를 자세하게 살펴보는 것이 필요하다.

한편, 아래 [그림 6-2]에서 정리한 것과 같이 네이버 카페에서 제공하는 메뉴는 매우 다양한데, 다소 시간이 걸리더라도 메뉴 하나씩 클릭해가면서 어떤 기능을 제공하고 있는가를 살펴보는 것이 필요하다. 또한 기업의 입장에서 어떤 메뉴를 조금 더 적극적으로 활용할 것인가도 생각하는 것이 중요할 것이다.

[그림 6-1] 네이버 카페만들기

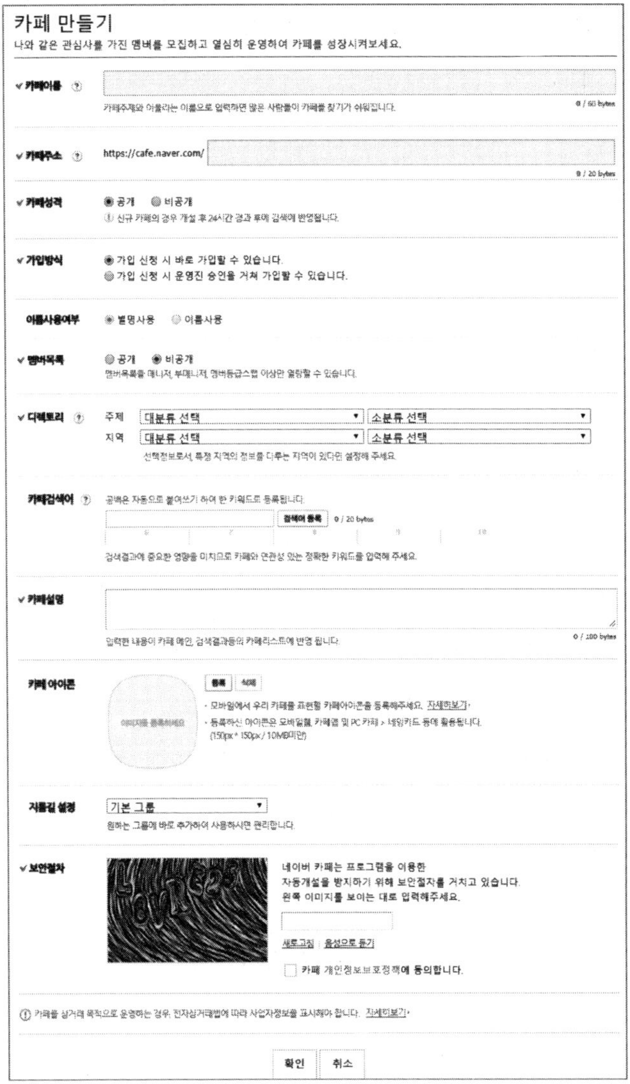

[그림 6-2] 네이버 카페의 메뉴

① 카페 운영 ⓐ 기본 정보 ⓑ 이벤트 관리 ⓒ 매니저 위임 ⓓ 카페 폐쇄	② 멤버·스탭 ⓐ 전체 멤버 관리 ⓑ 활동정지 멤버 관리 ⓒ 강제탈퇴 멤버 관리 ⓓ 스탭 관리	③ 가입·등급 ⓐ 가입 정보 관리 ⓑ 가입 신청 관리 ⓒ 가입 불가 관리 ⓓ 멤버 환영 관리 ⓔ 멤버 등급 관리	④ 메뉴 ⓐ 메뉴 관리 ⓑ 카페북 관리
⑤ 글·글양식 ⓐ 글양식 ⓑ 태그 ⓒ 글쓰기 조건 설정 ⓓ 게시글 보호 설정	⑥ 스팸·삭제글 ⓐ 스팸 관리 ⓑ 삭제 글/댓글 보기	⑦ 꾸미기 ⓐ 레이아웃 ⓑ 스킨 ⓒ 타이틀 ⓓ 카페 대문 ⓔ 모바일 카페 ⓕ 배경음악	⑧ 통계 ⓐ 일간 현황 ⓑ 방문 분석 ⓒ 사용자 분석 ⓓ 순위 ⓔ 게시판 분석
⑨ 채팅 ⓐ 채팅 개설 권한	⑩ 메일·쪽지 ⓐ 메일보내기 ⓑ 쪽지보내기		

또한 다음(Daum)과 네이버(Naver)에서 카페(cafe)를 만들 때에는 우선 회원이 5,000명이 넘는 카페들을 방문하여 카페의 전체적인 구성, 메뉴의 구성, 포토샵 및 HTML의 활용 등에 대해 살펴본 후에 본인의 카페를 만드는 것이 필요할 것이다. 즉, 개발 및 운영이 잘 되고 있는 카페(cafe)들을 벤치마킹(benchmarking)하는 것이 중요하다.

(2) 네이버 카페(cafe) 개발의 핵심 사항

네이버 카페(cafe)를 개발할 때에 중요한 사항들은 다음과 같은데, 다른 카페들은 아래의 사항들에 대해 어떻게 설정하였는지

[그림 6-3] 네이버 카페의 레이아웃

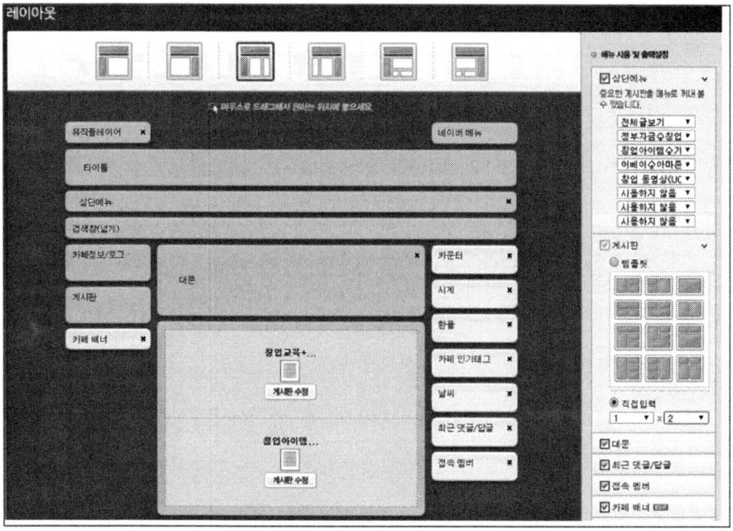

를 확인해 보는 것도 좋을 것이다.

① [카페운영]-[기본정보]-[모바일 카페설정]에서 카페 아이콘을 등록한다.

② [꾸미기]-[타이틀]에서 포토샵으로 만든 타이틀 이미지를 등록한다.

③ [꾸미기]-[레이아웃]에서 6개의 레이아웃(2단 좌측메뉴, 2단 우측메뉴, 3단 좌측메뉴, 3단 우측메뉴, 3.5단 좌측메뉴, 3.5단 우측메뉴) 중에서 하나를 선택한 후에 [상단메뉴] 및 [출력설정]을 하는 것이 필요하다([그림 6-3] 참고).

ⓐ [상단메뉴]는 타이틀 이미지 바로 아래에 나타나게 되는데, 중요한 게시판을 메뉴로 꺼내볼 수 있도록 설정하는 것을 말한다.

ⓑ [출력설정]은 위에서 선택한 레이아웃에 카페 배너, 카운터, 시계, 환율, 카페 인기태그, 최근 댓글/답글, 접속멤버 등의 메뉴를 자유롭게 추가할 수 있다.

④ [꾸미기]-[카페대문]은 HTML 명령어를 사용하여 꾸미는 것이 최상이라고 할 수 있는데, 뉴비즈니스연구소(cafe.naver.com/ihavetwojobs)를 참고하면 된다.

⑤ [메뉴]-[메뉴관리]에서 카페의 운영에 필요한 메뉴(게시판)을 추가한 후에 [권한 설정]을 해야 하는데, 글쓰기, 댓글쓰기 및 읽기 권한의 설정은 회원 증가 및 카페의 효과적인 운영을 위해 매우 중요하다고 할 수 있다.

⑥ [꾸미기]-[레이아웃]에서 왼쪽에 있는 템플릿 2~3개를 사용하는 것이 필요하다. 템플릿을 사용하게 되면, 메뉴(게시판)에 등록되어 있는 컨텐츠(contents)들을 카페 대문에 바로 노출시킬 수 있는 장점이 있으며, 이를 통해서 카페를 방문하는 고객들이 해당 메뉴를 클릭하지 않고 카페 대문에서 바로 볼 수 있는 장점이 있다.

⑦ [카페운영]-[기본정보]에서 카페이름은 3개월 단위로 수정할 수 있다.

⑧ 카페의 운영과 관련하여 가장 중요한 것이라고 하면 바로

매일 다양한 컨텐츠를 등록하는 것이며, 컨텐츠는 텍스트, 이미지, 동영상(UCC) 등으로 구분할 수 있다. 또한 카페에 등록하는 다양한 컨텐츠는 다른 웹 사이트에서 무단 복제하여 등록하기 보다는 카페 운영자가 독창적으로 만든 후에 등록하는 것이 카페 가입자의 증가 및 카페운영의 활성화에 매우 중요할 것이다.

2. 다음 카페(cafe)의 개발 및 운영

최근에 온라인 카페는 홍보뿐만 아니라 회원 간 거래가 활발히 이뤄지는 오픈마켓(open market) 형태를 띤다는 점이 특징이며(한국경제, 2022.8.19.), 이에 따라 기업들은 온라인 카페의 힘을 이용해 개인 간 거래(C2C) 플랫폼을 속속 출시하고 있는 실정이다. 한편, 1999년 5월 25일에 서비스를 시작한 다음 카페(cafe)를 만들고 운영하는 절차 및 방법은 위에서 설명한 네이버 카페(cafe)의 개발 및 운영과 상당히 유사하다고 할 수 있기 때문에 2개의 카페(cafe)를 함께 개발하고 운영하는 것이 효과적이다.

(1) 카페 만들기

다음(Daum)의 카페 메뉴에서 [카페 만들기]를 클릭하여, 아래의 항목들에 대해 필요한 정보들을 입력하거나 일부 항목들에 대해서는 별도의 입력이 없이 그냥 선택을 하면 된다.

① **카페이름**: 한글, 영문, 숫자, 기호를 사용하여 입력하면 되는데, 카페이름은 6개월마다 변경이 가능하며, 네이버(Naver) 카페는 3개월마다 이름을 변경할 수 있다. 카페의 이름을 변경할 수 있다는 것은 카페의 특성 혹은 활용 목적이 변경이 된다는 것을 의미한다. 처음 카페를 만들 때에는 창업분야의 일을 생각하였지만, 나중에 관광을 목적으로 하는 카페이름으로 변경하여 활용할 수도 있다는 것을 의미한다.

② **주소**: 주소는 영어 소문자를 사용하는 것이 좋으며, 영어단어들을 조합하여 사용하는 것이 필요하다. 즉, 카페의 주소를 보면서 그 카페의 특징을 알 수 있도록 하는 것이 좋다. 예를 들어, 뉴비즈니스연구소 카페의 주소로 사용되는 isoho2jobs는 "나(i)는 소호(soho)와 투잡스(2jobs)를 한다"라는 의미를 영어로 조합하여 만든 것이다.

③ **공개여부**: 반드시 공개로 설정해야 한다.

④ **카테고리**: 카페의 종류를 선택할 수 있는데, 별로 중요하지는 않다. 즉, 아무것이나 선택해도 된다.

⑤ **카페 검색어**: 네티즌들이 특정 검색어를 사용하여 검색을 했을 때에 카페가 검색될 수 있도록 하는 것이 필요한데, 공백문자 등 특수문자는 사용할 수 없다. 특히 검색어 뒤에 공백문자가 있으면, [카페 만들기]의 클릭이 되지 않기 때문에 주의해야 한

다. 혹시라도 공백문자가 있으면 삭제키(Delete 키)를 사용하여 반드시 삭제를 해야 한다.

⑥ **소개 글**: 무엇을 하는 카페인지 혹은 어떤 정보를 제공하는 카페인지를 알려주기 위해 사용한다. 다른 사람이 운영하는 카페를 가입하는 경우에는 소개 글을 읽는 경우가 많기 때문에 정확하게 작성하는 것이 필요하다.

⑦ **카페 스킨**: 원하는 스킨을 선택할 수 있으나, 반드시 선택할 필요가 없다. 카페 스킨은 나중에 [홈 꾸미기]에서 선택할 수도 있으며, 굳이 선택하지 않아도 상관은 없다.

⑧ **보안문자**: 보안문자를 입력한다.

⑨ [카페 만들기]를 클릭하면, 기본적인 카페가 만들어진다.

⑩ [내 카페 바로가기]를 클릭하면, [그림 6-4]에서와 같이 처음 만든 카페를 볼 수 있다. 즉, [그림 6-4]의 카페는 가장 기본적인 형태이며, 여기에서 [카페글쓰기] 아래에 있는 [관리] 혹은 [꾸미기]를 클릭한 후에 여러 가지의 메뉴 혹은 기능들을 활용하여 기업에서 원하는 형태의 카페를 만들면 된다.

[그림 6-4] 처음 만든 Daum 카페의 모습

(2) 홈 꾸미기

홈 꾸미기는 [관리]를 클릭 한 후에 [홈 꾸미기]를 클릭하면 된다. 혹은 [꾸미기]를 클릭하면, 바로 [홈 꾸미기]의 상태가 된다. [홈 꾸미기]에는 스킨, 레이아웃, 영역별 꾸미기의 3가지 메뉴가 있으며, 개별 설정을 끝낸 후에는 반드시 [적용]을 클릭해야 한다.

① **스킨**: 스킨에는 스킨과 배경의 두 가지 메뉴가 있는데, 카페를 잘 만들기 위해서 특별히 중요하지는 않다. 따라서 카페를 처음 만들 때에는 굳이 사용하지 않아도 되는 기능이다.

ⓐ 스킨: 여러 가지의 스킨 중에서 하나를 선택할 수도 있

으며, 아무 것도 선택하지 않아도 상관이 없다. 다만, 스킨들을 선택한 후에 카페의 모습을 확인해 볼 수는 있다.

ⓑ 배경: [디자인]을 체크한 후에 [적용]–[확인]을 클릭하면 된다. 하지만, 배경에서 색상이나 직접 올리기는 잘 사용되지 않는다.

② **레이아웃**: 레이아웃은 카페의 형태(혹은 모양)를 설정할 때에 사용하게 되는데, 단 구성, 홈 게시판 및 컨텐츠를 활용하여 카페의 활용목적에 따라 다양한 형태로 만들 수 있다.

ⓐ 단 구성: [그림 6-5]에서와 같이 3단B형을 클릭하면, 오른편 화면에서 카페의 구성 형태를 볼 수 있다. 저자가 2005년

[그림 6-5] 단 구성

부터 다음(Daum)과 네이버(Naver)에서 카페를 운영하고 있는데, 3단B형이 가장 좋다고 판단한다. 또한 단 구성을 선택한 후에는 오른편 화면에서 메뉴들을 마우스로 드래그해서 원하는 위치에 놓으면 되는데, 필요하지 않는 경우에는 삭제버튼(x)을 클릭하여 삭제해도 된다. 어느 메뉴들을 어느 곳으로 이동시킬 것인가에 대해서는 다른 카페들을 벤치마킹하는 것이 필요하다.

ⓑ 홈 게시판: 카페 홈에 게시판을 추가할 때에 사용하며, 6개의 레이아웃 중에서 선택을 한 후에 클릭을 하면 된다. 홈 게시판을 사용할 때에는 사전에 [관리]-[메뉴관리]에서 사용하고자 하는 게시판을 먼저 추가하는 것이 필요하며, 추가한 레이아웃에 있는 [설정] 버튼을 클릭하여 카페 홈에서 사용하고자 하는 게시판을 선택하면 된다.

ⓒ 컨텐츠: 다양한 컨텐츠들은 마우스로 체크를 하면 카페에서 사용할 수 있는데, [자주 가는 링크]는 [설정]을 클릭한 후에 사이트명과 URL주소를 입력한 후에 [확인] 버튼을 클릭하여 웹 사이트를 추가하면 된다. [자주 가는 링크]에서는 카페지기가 자주 접속하는 웹 사이트들을 모두 등록해 두면 편리하게 활용할 수 있다.

③ **영역별 꾸미기**: 카페정보, 카페메뉴, 검색창, 게시판, 부가 컨텐츠에 대해 디자인, 색상 등을 꾸밀 수 있는 기능이며, 모두 사용할 필요는 없으며 카페정보와 카페메뉴만 꾸며도 충분하다. 예를 들어, 카페정보에서 원하는 디자인을 선택한 후에 기본색,

강조색 및 탭 이름을 수정하면 된다.

(3) 대문 꾸미기

대문은 크게 직접 꾸미기, 웹진형, 사진형, 메모형, 동영상형의 5가지가 있었지만, 다음 카페(cafe)의 기능 변경에 따라 지금은 HTML 명령어로 꾸미기, 이미지, 동영상만 있다([그림 6-6] 참고).

① HTML 명령어로 대문 꾸미기

HTML 명령어를 활용한 대문 꾸미기를 하기 위해서는 HTML 명령어를 잘 사용할 수 있어야 하는데, [제2장 HTML의 이해와 활용하기]에서 설명한 HTML 명령어를 사용하면 충분히 가능하

[그림 6-6] 대문꾸미기

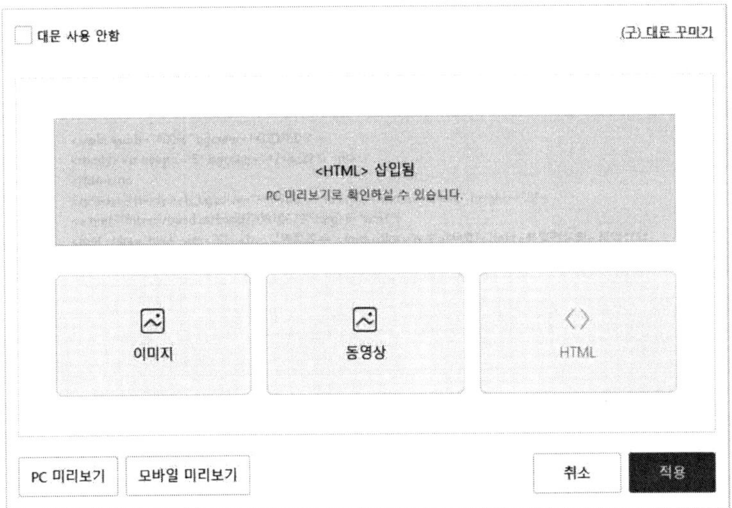

다. 또한 뉴비즈니스연구소 카페(cafe.daum.net/isoho2jobs)의 대문이 HTML 명령어를 활용하여 만든 대표적인 사례라고 할 수 있는데, HTML 명령어를 활용한 대문 꾸미기의 장점은 아래와 같다.

ⓐ [상품등록 게시판]과 HTML을 활용하여 카페를 전자상거래 혹은 인터넷쇼핑몰로 만들 수 있다.

ⓑ 카페의 주요 수익 활동 및 기업에서 집중적으로 홍보하고 싶은 다양한 내용들을 HTML 명령어들을 활용하여 카페 메인에 공지할 수 있다.

ⓒ 창업자와 제휴하고 있는 다양한 웹 사이트를 홍보하여 카페회원 및 비회원들이 직접 접속할 수 있도록 할 수 있다. 예를 들어, 카페에 접속하는 회원들이 카페지기가 운영하는 인터넷 쇼핑몰 혹은 옥션에 등록되어 있는 특정 상품의 주문페이지로 바로 접속할 수 있도록 할 수 있는데, 이를 위해서는 HTML 명령어, 포토샵 이미지 및 이미지 호스팅 사이트를 활용하여 만들면 된다,

한편, 다음 카페(cafe)의 기능 변경에 따라 HTML 명령어로 꾸미기는 다음의 순서로 진행하면 된다.

ⓐ [꾸미기]–[대문]을 클릭한 후에 [〈HTML〉 삽입됨]을 클릭한다.

ⓑ 사각형의 박스 안에 HTML 명령어들을 입력한 후에 [확인]을 클릭한다.

ⓒ [PC 미리보기] 혹은 [모바일 미리보기]를 선택한 후에 HTML 명령어로 만들어진 대문을 직접 확인한다.

ⓓ [적용]을 클릭한 후에 "설정한 대문을 카페에 적용하시겠습니까?"에서 [확인]을 클릭한다.

ⓔ "카페에 적용되었습니다. 카페 홈 화면으로 이동하시겠습니까?"에서 OK를 클릭한다.

ⓕ HTML 명령어로 만들어진 대문을 다시 확인하며, 수정할 사항이 있는 경우에는 ⓐ에서 시작하여 ⓑ에서 수정하면 된다.

② **이미지 및 동영상**

이미지 및 동영상으로 대문 꾸미기가 가능하지만, 기업의 홍보를 효과적으로 진행하기 위해서는 위에서 설명한 HTML 명령어로 꾸미기를 하는 것이 필요하다.

(4) 타이틀 꾸미기

타이틀 꾸미기는 [관리]-[타이틀 꾸미기]에서 할 수 있다. 또한 타이틀에는 템플릿, 배경, 카페이름, 카페주소, 타이틀 메뉴, 검색창, 카운터 등이 있는데([그림 6-7] 참고), 배경과 타이틀 메뉴가 가장 많이 사용되고 있다.

① **배경**

뉴비즈니스연구소 카페(cafe.daum.net/isoho2jobs)와 같이 포토샵으로 배경을 만들어서 [배경]-[직접 올리기]를 하면 된다. 이미지의 가로의 길이는 1,100 픽셀로 해야 하며 세로의 길이는 임

[그림 6-7] 타이틀 꾸미기

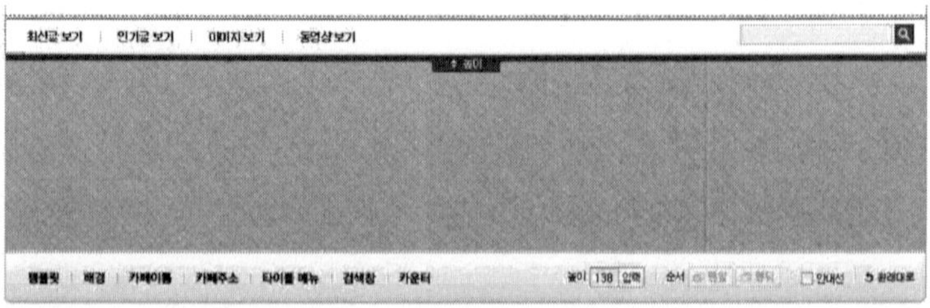

의대로 정할 수도 있지만, 일반적으로 106이 가장 이상적이다.

② **타이틀 메뉴**

타이틀 메뉴는 기본적으로 최신글 보기, 인기글 보기, 이미지 보기, 동영상 보기의 4가지로 설정되어 있는데, 중요한 게시판 혹은 홍보하고 싶은 정보들이 등록되어 있는 게시판으로 변경할 수 있다. 또한 새로운 메뉴를 추가할 수도 있으며, 수시로 변경이 가능하다. 예를 들어, [그림 6-8]과 같이 [최신글 보기]에서 삭제버튼(x)의 왼편에 있는 수정버튼을 클릭한 후에 [상세설정]에서 메뉴를 선택한 후에 메뉴명을 입력하면 된다.

ⓐ [메뉴]에서 타이틀 메뉴로 설정하고 싶은 게시판을 선택한다.

ⓑ [메뉴명]에서 표시하고자 하는 이름을 작성하면 되는데, 게시판의 이름을 그대로 사용해도 된다.

③ **기타 타이틀 메뉴**

먼저 템플릿은 이미 만들어 놓은 타이틀 중에서 선택하여 사

[그림 6-8] 타이틀 메뉴의 설정

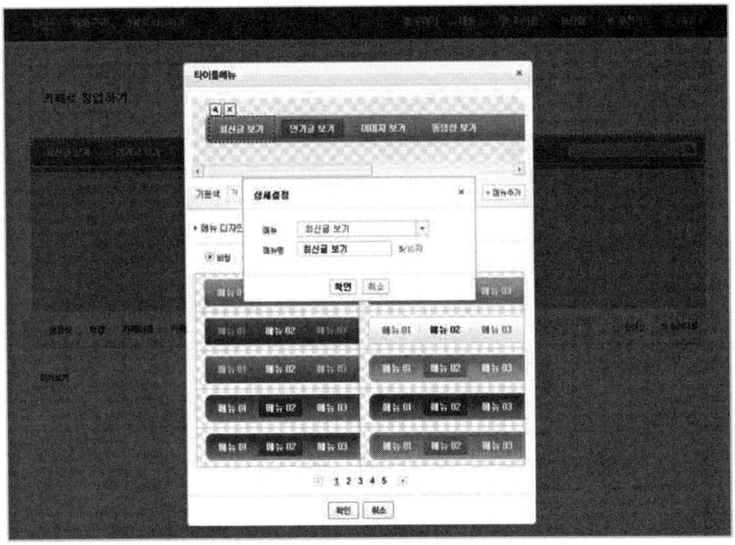

용하는 것을 말하는데, 배경에서 언급한 것과 같이 포토샵으로 직접 만들어서 사용하는 것이 가장 좋다. 카페이름과 카페주소는 폰트, 글자크기, 폰트 색, 효과 등을 사용하여 꾸미는 것을 말한다. 또한 검색창의 모양을 꾸미거나 카운터(counter)를 새롭게 설정하는 기능도 제공하고 있다.

(5) 메뉴 관리

카페(cafe)를 만들 때에 가장 중요한 것이라고 하면 그것은 메뉴관리하고 할 수 있다. 즉, [그림 6-9]에서 보듯이 다양한 종류

[그림 6-9] 메뉴관리 화면

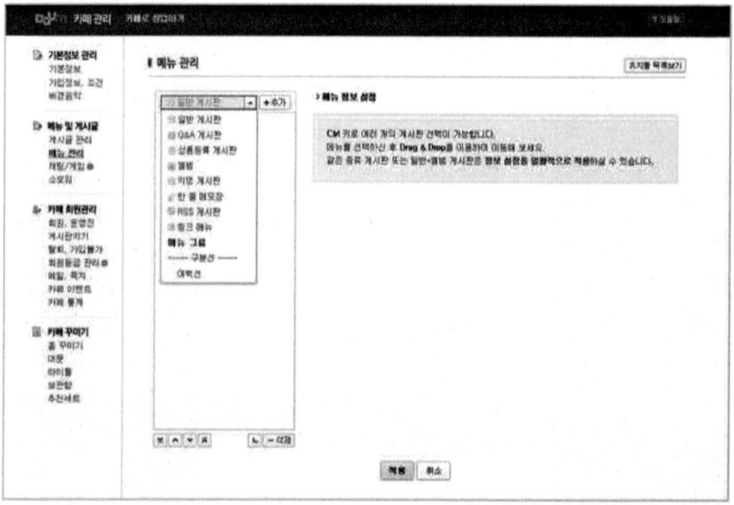

의 게시판 및 부가적인 메뉴들을 사용하여 카페(cafe)의 주요 메뉴를 만들고 운영하는 것이라고 할 수 있다. 메뉴 관리에서 중요하게 고려해야 하는 것들은 아래와 같다.

① 게시판 및 주요 메뉴의 종류

카페에서 사용할 수 있는 게시판 및 주요 메뉴는 총8가지가 있으며, 카페의 운영목적에 따라 여러 형태로 활용할 수 있다.

ⓐ 일반게시판: 쓰기, 댓글쓰기, 읽기의 3가지 권한을 설정할 수 있으며, 카페(cafe) 운영자 및 회원들이 글을 자유롭게 등록할 수 있는 게시판이다. 일반적으로 가장 많이 사용되는 게시판이며, 사용하고자 하는 게시판을 선택한 후에 [추가] 버튼을

누르면 된다.

ⓑ 상품등록게시판: 카페(cafe)에서 판매하고자 하는 상품을 등록하는 게시판이며, 상품은 안전거래 혹은 직거래로 판매할 수 있다. 상품등록게시판으로 인해 다음(Daum) 혹은 네이버(Naver) 카페(cafe)에서는 전자상거래 사이트로 활용이 가능하게 되었다.

ⓒ 앨범: 카페(cafe)에서 진행하는 다양한 행사에 대한 사진을 올릴 수 있는 게시판이다.

ⓓ 익명게시판: 누구 글을 등록하였는지를 공개하지 않을 때에 그리고 글을 등록하는 사람의 이름을 감추고 싶을 때에 사용하는 게시판이다. 카페(cafe)에서 익명게시판을 사용하는 것은 때로는 위험한데, 그것은 카페(cafe)의 성격과는 다른 글들이 무분별하게 등록되는 경우가 많기 때문이다.

ⓔ 한 줄 메모장: 말 그대로 한 줄의 글을 등록할 때에 사용하는 게시판이며, 주로 정회원 등업요청, 인사 및 오늘 한마디 등을 위해 사용하면 편리하다.

ⓕ 링크메뉴: 마우스로 클릭을 하면 특정 웹 사이트로 바로 링크를 시킬 수 있는 메뉴이며, 카페지기(카페를 개설한 사람 혹은 카페의 소유자) 및 카페운영자들만 볼 수 있도록 하려면 [메뉴 감추기]에서 [감추기]를 체크하면 된다. 링크메뉴는 레이아웃에서 설명한 [자주 가는 링크]와 유사하게 사용될 수 있다.

ⓖ 메뉴그룹: 카페(cafe)에서 여러 개의 게시판들을 대표하는 제목을 등록할 때에 사용하게 되며, 메뉴그룹은 굵은 제목으

로 표시된다. 예를 들어, 뉴비즈니스연구소 카페(cafe.daum.net/isoho2jobs)에서 살펴보면, 창업교육 공지 및 창업상담, 대구경북 창업카페연합회, 김영문교수의 뉴비즈니스연구소, 동맹카페의 행사&교육 소식 등이 메뉴그룹이다.

ⓗ 구분선: 게시판과 게시판을 구분하는 점선으로 표시된다.

위에서 설명한 8가지의 메뉴는 [추가] 버튼을 클릭하여 사용할 수 있는데, 유사한 카페를 벤치마킹을 한 후에 어떤 메뉴를 추가하여 사용할 것인가를 결정하면 된다. 다만, 회원이 5,000명 미만인 경우에는 전체 게시판의 수가 15~20개를 초과하지 않도록 하는 것이 필요하다.

② 게시판의 추가 및 주요 메뉴를 사용할 때의 유의사항

ⓐ 쓰기, 댓글쓰기, 읽기의 3가지 권한을 효과적으로 사용해야 한다. 특정 게시판에 글을 쓸 수 있는 권한, 댓글쓰기를 할 수 있는 권한, 그리고 읽기를 할 수 있는 권한을 어느 등급의 회원들에게 허용할 것인가를 결정해야 한다. 카페(cafe)에 가입하지 않은 사람은 손님이며, 가입한 사람은 준회원이 된다. 그 외에 정회원, 우수회원, 특별회원, 게시판지기 등은 카페지기가 정한 규칙에 의해 카페지기 및 운영자들에 의해 등업이라는 절차를 통해 부여받게 되는 회원등급이다.

ⓑ 게시판을 추가하여 권한 설정을 한 후에 반드시 [적용]을 클릭해야 한다. 그 외에 각 게시판별로 [메뉴 정보 설정]에 있는 다른 기능들은 그대로 두는 것이 좋으며, 각 게시판의 이름,

소개, 권한에 대한 설정 등이 끝나면, [적용]을 클릭하면 된다. 다만, 쓰기, 댓글쓰기, 읽기의 3가지 권한을 모두 카페지기로 설정을 한 후에 [메뉴 감추기]에서 [감추기]를 체크하는 경우에는 카페지기만 읽기를 할 수 있기 때문에, 그 게시판은 카페(cafe) 운영에 필요한 여러 가지의 비밀스러운 정보들을 등록할 수 있어 편리하게 이용할 수 있다. 카페지기만 사용할 수 있는 비밀게시판에는 다음과 같은 정보들을 보관할 수 있다.

㉠ 다른 카페 혹은 기관과의 제휴와 수익배분에 대한 사항

㉡ 중요한 연락처(전화번호, 메일주소 등)

㉢ 주요 수익모델의 종류

㉣ 향후 진행하고 싶은 수익사업

㉤ 기타 미래의 카페 운영 및 발전 방향

ⓒ 전체 게시판의 수는 15~20개로 시작하는 것이 좋다. 카페(cafe)를 개설한 후에 6개월 동안에는 가능하면 게시판을 적게 개설하는 것이 좋으며, 회원이 증가하면서 게시판의 수도 증가시키는 것이 필요하다. 그것은 초기에는 어떤 글을 등록해야 하는지에 대한 경험도 부족하고, 그러한 글들을 어디에서 가져올 수 있는지에 대한 지식도 부족하기 때문이다.

ⓓ 회원의 등급관리는 신중하게 해야 한다. 먼저, 한 줄 메모장을 활용하여 회원에 대한 등급관리를 할 때에 회원이름을 클릭한 후에 [회원정보]를 선택하면, 아래의 항목에 대한 정보들을 볼 수 있다.

㉠ 가입일

㉡ 최종 방문일

㉢ 성별/나이

㉣ 메일수신

㉤ 쪽지수신

위에서 가장 중요한 것은 메일수신과 쪽지수신인데, '받음'으로 되어 있는가를 확인해야 한다. 즉, 정회원으로 등급변경을 요청하면서 전체메일과 전체쪽지는 '받지않음'으로 되어 있다면, 정회원으로 등급을 변경하지 않는 것이 좋다. 카페의 모든 정보를 무료로 이용하면서 전체메일과 전체쪽지는 받지 않겠다는 것은 바람직하지 않기 때문이다.

한편, 카페에 가입된 회원은 준회원인데, 해당 회원의 등급을 변경하려면 회원의 이름을 클릭한 후에 [회원정보]에서 정회원, 우수회원, 특별회원 중에서 선택을 한 후에 [변경]을 클릭하면 된다. 또한 카페의 규칙에 어긋나는 글을 등록하거나 문제를 일으키는 회원에 대해서는 [활동중지] 혹은 [강제탈퇴]의 조치를 할 수도 있는데, [강제탈퇴]를 시키면 카페 회원의 수가 감소된다는 것을 생각해야 한다. 문제가 있는 회원에 대해서는 일정 기간 동안에 [활동중지]를 시키는 것이 카페 회원 수의 유지를 위해서도 바람직하다는 것이다.

(6) 카페관리 메뉴의 효과적인 활용

① **기본정보**

기본정보에는 기본정보, 운영회칙/히스토리, 양도/폐쇄의 3가지가 있는데([그림 6-10] 참고), 가장 중요한 것은 기본정보에 있는 카페 이름의 변경이라고 할 수 있다. 다음(Daum) 카페에서는 6개월마다 카페 이름을 변경할 수 있는데, 처음 카페를 만들었을 때의 목적 혹은 성격과는 상관없이 카페 이름을 변경하여 다른 목적으로 충분히 활용할 수 있다.

예를 들어, 창업카페를 10년 이상 운영을 하였더라도 여행카페로 이름을 변경하여 사용해도 전혀 문제가 되지 않는다는 것이다. 물론 일부 회원들의 탈퇴는 가능하겠지만, 카페 메뉴의 변경 및 새로운 정보들을 지속적으로 제공하면 생각보다 탈퇴회원의 수는 많지 않다.

[그림 6-10] 기본정보

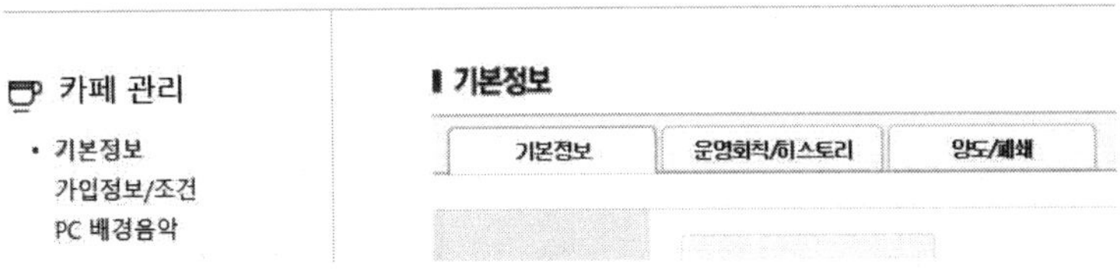

② **전체회원 및 운영진**

전체 회원들을 볼 수 있는 메뉴이며, 회원 등급별로도 볼 수가 있다. 또한 일반적으로 회원이름을 클릭한 후에 회원들에 대한 등급은 특별회원까지만 변경할 수 있지만, 회원 및 운영진에서는 정회원, 우수회원, 특별회원, 운영자까지 등급을 변경할 수 있는 장점이 있다.

③ **게시판지기 관리**

카페지기가 카페(cafe)에 대한 모든 권한을 갖고 있는 사람이라면, 게시판지기는 특정 게시판에 대한 모든 권한을 갖고 있는 사람이다. 즉, 게시판지기는 특정 게시판을 활용하여 다양한 수익 창출 활동을 할 수 있는데, 그러기 위해서는 카페지기가 특정 게시판에 대하여 특정 회원을 게시판지기로 선정해야 한다.

ⓐ [관리]-[게시판지기]를 클릭하고 게시판을 선택한 후에 [선정] 버튼을 클릭한다.

ⓑ 회원을 검색하거나 직접입력을 하여 회원을 선택한 후에 [확인] 버튼을 클릭한다.

ⓒ 게시판지기를 선정한 게시판의 상단에 보면 게시판지기의 이름이 나타난다.

④ **메일 및 쪽지 보내기**

메일이나 쪽지를 보낼 수 있는데, 카페(cafe)에서 진행하는 다양한 활동에 대해 홍보할 수 있다. 전체회원 혹은 회원등급별로 메일이나 쪽지를 보낼 수 있으며, 텍스트 혹은 HTML 형식으로 보낼 수도 있다. 카페(cafe) 회원이 많은 경우에는 휴대폰으로 전송된 인증번호를 입력한 후에 메일이나 쪽지를 보낼 수 있도록 되어 있다.

카페에서 회원들에게 메일 및 쪽지를 보낼 때에는 일주일에 한 번 정도를 전송하는 것이 좋다. 너무 자주 보내게 되면 탈퇴하는 회원들도 많아지기 때문이다. 또한 메일의 제목을 잘 정하는 것이 필요하다.

⑤ **통계**

카페 통계는 기본정보, 카페 유입, 활동 BEST 회원에 대한 정보를 제공하고 있는데, 카페가 어떻게 발전하고 있는가를 한 눈에 알 수 있다. 카페지기는 카페통계를 정기적으로 살펴보면서 카페를 활성화시킬 수 있는 다양한 활동들을 진행하는 것이 필요하다. 카페 통계는 카페의 메인에서 [카페정보]-[프로필]-[랭킹정보]에서도 부분적으로 볼 수 있다. 특히 경쟁관계에 있는 다른 카페의 [프로필]을 살펴보는 것도 필요하다.

⑥ **기타**

앞에서 설명한 것들 외에도 가입정보 및 조건, 배경음악, 채팅/게임, 소모임, 탈퇴 및 가입불가, 회원등급 관리, 카페 이벤트 등이 있는데 필요에 따라 활용하는 것도 필요하다. 예를 들어, 카페(cafe) 내에 다양한 소모임을 운영하는 경우에는 [소모임]을 활용하여 소모임에 대한 승인을 해 주면 된다.

3. 카페(cafe)를 성공적으로 운영하기 위한 전략

창업자가 선택한 비즈니스(혹은 창업아이템)를 성공적으로 홍보하기 위한 목적으로 활용하게 되는 카페(cafe)를 성공적으로 운영하기 위한 전략은 아래와 같다.

① 네이버(Naver) 혹은 다음(Daum)에서 운영 중인 카페(cafe) 중에서 회원이 많은 카페(cafe)들이 어떻게 운영되고 있는가에 대해 조사하고 벤치마킹(Benchmarking)하는 것이 필요하다.

② 카페(cafe)는 특정 분야에 관심이 있는 사람들이 교류하는 커뮤니티(community)이기 때문에 다음과 같은 몇 가지를 확실하게 결정하는 것이 필요하다.

ⓐ 어떤 사람들을 대상으로 하는 커뮤니티(community)를 운영할 것인가?

ⓑ 어떤 종류의 컨텐츠(contents)를 제공하여 다른 카페들과 차별화를 할 것인가?

ⓒ 장기적으로 어떤 수익모델(business model)을 개발하고 유지할 것인가?

ⓓ 성공하는 비즈니스를 위해 어떤 카페 혹은 웹 사이트들과 제휴하고 협력할 것인가?

③ 카페(cafe) 외에 밴드(band), 페이스북(facebook), 인스타그

램(instagram), 트위터(twitter) 등과 같은 다양한 SNS들과의 연계적인 운영을 통하여 커뮤니티를 확장시키는 것을 적극적으로 고려해야 하는데, 이를 위해서는 [제1장 포토샵(Photoshop)의 이해와 활용하기] 및 [제2장 HTML의 이해와 활용하기]에서 설명한 포토샵 이미지 및 HTML 명령어를 활용하는 것이 필요할 것이다.

한편, 카페(cafe)를 성공적으로 운영하기 위해서는 아래에서 제안하는 3가지에 대한 조사, 벤치마킹 및 HTML 명령어를 활용한 카페의 연동에 대해 조사하거나 실행하는 것이 필요하다.

(1) 성공적인 카페에 대한 조사

네이버(Naver) 혹은 다음(Daum)에서 카페(cafe) 운영을 성공적으로 하고 있는 3~5개 정도의 사례를 찾아서 아래의 사항들에 대해서 조사를 해 보는 것이 중요하다.

① 구체적으로 무엇을 하는 카페인가?

② 그 카페의 주요 수익모델(business model, BM)은 무엇이라고 생각하는가?

③ 회원 증가를 위해 어떻게 홍보하거나 광고하고 있다고 생각하는가?

④ 장기적으로 수익성이 좋아질 것이라고 생각하는가?

⑤ 수익성 향상을 위해서 어떤 점들이 개선되어야 한다고 생각하는가?

(2) 벤치마킹(Benchmarking)

본인이 관심이 있는 분야의 비즈니스(new business start-up)를 지원하기 위해 운영되고 있는 회원 5.000명 이상의 네이버(Naver) 혹은 다음(Daum) 카페(cafe) 3개 정도를 찾아서 어떻게 운영되고 있는가에 대해 구체적으로 벤치마킹(Benchmarking)을 한 후에 카페(cafe)를 개설하여 직접 운영해 보는 것이 필요하다.

① 벤치마킹을 한 3개 카페(cafe) 이름 및 주소를 메모하기

② 벤치마킹(Benchmarking)을 통해 알게 된 중요한 사항 3~5가지를 생각하기

③ 본인의 카페(cafe) 이름 및 주소를 확정하기

(3) HTML 명령어를 활용한 카페의 연동

경영자 혹은 초보창업자로서 본인이 도전하고 싶은 창업분야의 네이버(Naver) 및 다음(Daum) 카페(cafe)를 동시에 개설한 후에 홍보하거나 광고하고 싶은 내용을 HTML 명령어를 활용하여 상호 연동시켜 보는 것이 필요하다. 예를 들어, 네이버(Naver) 카페(cafe) 및 기업에서 운영하고 있는 다양한 웹 사이트에 등록되어 있는 내용을 다음(Daum) 카페(cafe)의 대문에서 홍보를 진행하고, 그 내용에 대해 관심이 있는 네티즌들은 네이버(Naver) 카페(cafe) 및 다양한 웹 사이트로 바로 접속할 수 있도록 HTML 명령어, 포토샵 이미지 및 이미지 호스팅 사이트를 활용하여 연동

시키면 된다.

☞ [YouTube 채널: 김영문_travel_and_sbiz]

유튜브(YouTube)에 등록되어 있는 카페(cafe)의 개발 및 운영과 관련된 강좌는 다음과 같다.

① 네이버 카페(cafe)만들기

② 네이버 카페로 인터넷쇼핑몰 만들기

③ Daum카페 만들기 및 상품판매하기

④ 카페(cafe)를 만들 때의 고려사항 10가지

제7장

블로그의 개발 및 운영하기

1. 블로그의 개념 및 종류
2. 네이버 블로그의 개발 및 운영
3. 구글 블로그의 개발 및 운영
4. 파워 블로그의 사례 및 벤치마킹

1. 블로그의 개념 및 종류

블로그(blog)는 웹(web)과 로그(log)의 합성어로 개인의 생각과 경험, 알리고 싶은 견해나 주장, 나아가 전문지식 등을 웹에다 일기처럼 기록해 다른 사람들도 보고 읽고 댓글을 달수 있게끔 열어 놓은 글모음을 말한다(네이버 지식백과, terms.naver.com). 국내 주요 블로그 서비스로는 네이버 블로그, 티스토리, 이글루스 등이 있으며, 글로벌 서비스로는 워드프레스 닷컴, 라인 블로그(일본), 구글 블로거(blogger) 등이 있으며(국제신문, 2022.10.18.), 많은 사람들이 개설하여 사용하고 있는 블로그는 다음과 같다.

① 네이버 블로그(blog.naver.com)
② 다음 블로그(티스토리, www.tistory.com)
③ 구글 블로그(www.blogger.com)
④ 이글루스(www.egloos.com)

한편, 네이버 블로그의 경우에는 2022년에 약200만개 블로그가 새롭게 생성됐으며, 전체 블로그 수는 총 3,200만개로 집계되었다. 또한 네이버 블로그 신규 사용자 중 10대부터 30대까지 젊은 세대가 전체의 76%에 달했다고 한다(뉴시스, 2022.12.13.). 하지만, 다음 블로그(blog.daum.net)는 2022년 9월 30일자로 종료

되었으며, 2006년 5월에 개설되어 2007년 7월부터 다음(Daum)이 모든 운영권을 가지게 된 티스토리(tistory)로 통합되어 운영되고 있다. Tistory는 tatter tools(태터 툴즈)+history의 합성어이며, 태터툴즈(tatter tools)는 블로그를 만들 수 있도록 하는 프로그램을 말한다.

2. 네이버 블로그의 개발 및 운영

(1) 네이버 블로그의 주요 메뉴

네이버(Naver) 블로그에서 [관리·통계]를 클릭해 보면, 크게 아래의 3가지 메뉴로 구성되어 있다. 또한 각 메뉴별로 다양한 기능에 대해 하나씩 확인하면서 필요한 설정을 하는 것이 필요하다([그림 7-1] 참고).

① 기본 설정
② 꾸미기 설정
③ 메뉴·글 관리

한편, 다음(Daum), 네이버(Naver) 혹은 구글에서 블로그를 만들 때에는 우선 방문자가 많다고 생각되는 블로그들을 방문하여

[그림 7-1] 네이버 블로그의 관리 메뉴

전체적인 구성, 메뉴의 구성, 포토샵 및 HTML의 활용 등에 대해 살펴본 후에 홍보를 위한 블로그를 만드는 것이 효과적이다. 예를 들어, 아래의 사항들에 대해 조사 혹은 벤치마킹을 하는 것이 필요할 것이다.

① 블로그를 어떻게 만들었는가?
② 어떤 포토샵 이미지들을 제작하여 블로그를 꾸몄는가?
③ 어떤 메뉴를 개설하였는가?
④ HTML 명령어들은 어떻게 사용하고 있는가?
⑤ 블로그를 활용하여 어떻게 돈을 벌고 있는가?

(2) 네이버 블로그 개발 및 운영의 핵심사항

네이버(Naver) 블로그를 개발하고 운영할 때에 알아야 하는 중요한 사항들은 아래와 같은데, [그림 7-2]에 있는 메뉴들을 살펴보면서 직접 설정해 보는 것이 필요하다.

① [관리]－[꾸미기 설정]－[디자인 설정]－[타이틀 꾸미기]를

[그림 7-2] 타이틀 이미지의 등록

클릭한 후에 오른쪽에 있는 [타이틀]－[디자인]－[직접등록]－[파일등록]에서 포토샵으로 직집 제작한 타이틀 이미지(가로 966px, 세로 50~600px)를 등록한 후에 [적용]을 클릭하면 된다([그림 7-2] 참고).

② [관리]－[기본 설정]－[기본 정보 관리]－[블로그 정보]에서 포토샵으로 만든 [블로그 프로필 이미지]를 등록한다.

③ [관리]－[꾸미기 설정]－[디자인 설정]에서 아래의 3가지를 설정한다.

ⓐ 레이아웃 · 위젯 설정

ⓑ 세부 디자인 설정

ⓒ 글 · 댓글 스타일

④ [관리]－[메뉴 · 글 · 동영상 관리]－[메뉴 관리]－[상단메뉴 설정]－[메뉴사용 관리]－[블로그]에서 [카테고리 관리]를 클릭한 후에 [카테고리 관리 · 설정]에서 블로그의 [카테고리 추가]를 클릭한 후에 설정하면 된다. 사실 블로그의 경우에는 카페(cafe) 혹은 홈페이지와는 달리 5~10개 전후의 카테고리만 추가해도 된다.

⑤ [관리]－[메뉴 · 글 · 동영상 관리]－[메뉴 관리]－[상단메뉴 설정]－[상단 메뉴 지정]에서 상단 메뉴에 배치할 블로그 카테고리를 선택하면 되는데, 블로그 카테고리는 합쳐서 최대 4개까지 선택할 수 있다.

⑥ 블로그를 활용하여 비즈니스(new business start-up)를 효과

적으로 지원하기 위해서는 매일 다양한 컨텐츠(텍스트, 이미지, 동영상)를 등록하는 것이 중요하다.

저자의 경험으로는 블로그에 매일 30개의 컨텐츠(텍스트, 이미지, 동영상)를 등록하게 되면, 6개월 후에는 블로그에 방문하는 사람들이 하루에 3천명이나 되었다. 즉, 홍보를 위해 개설하는 다양한 웹 사이트를 운영할 때에 가장 중요한 것은 네티즌들이 관심있는 다양한 컨텐츠(텍스트, 이미지, 동영상)를 매일 등록하는 것이라고 할 수 있다.

한편, 네이버 블로그에 글쓰기를 하여 다양한 컨텐츠(텍스트, 이미지, 동영상)를 등록하게 되면, 네이버 블로그에 등록한 컨텐츠의 오른쪽 상단에 자동으로 URL(uniform resource locator) 주소가 만들어지게 된다. 이를 활용하면 다른 외부 사이트에서 URL 복사를 한 주소로 링크시킬 수가 있는데, 홍보 혹은 상품판매의 목적으로 효과적으로 활용할 수 있다. 예를 들어, 기업의 메인 사이트에서 홍보하고 싶은 내용 혹은 판매하고 싶은 상품이 등록되어 있는 네이버 블로그로 링크(link)시킬 수가 있다. 아울러 포토샵, 이미지 호스팅 사이트 및 HTML을 종합적으로 활용하면, 기업에서 홍보를 위해 운영하고 있는 모든 웹 사이트들을 상호 연동시켜서 운영할 수 있는데, 이를 활용하여 홍보 효과를 극대화시킬 수 있다.

3. 구글 블로그의 개발 및 운영

(1) 구글 블로그의 개설

구글 블로그를 개발하는 절차에 대해서는 Blogger 고객센터에 있는 [블로그 만들기]에서 확인할 수 있는데, 구체적인 것은 아래의 웹 사이트 주소에서 확인할 수 있다.

[웹 사이트 주소]

support.google.com/blogger/answer/1623800?hl=ko

① Blogger(www.blogger.com)에 로그인한다.

② 왼쪽에서 아래쪽 화살표를 클릭한다.

③ 새 블로그를 클릭한다.

④ 블로그 이름을 입력한다.

⑤ 다음을 클릭한다.

⑥ 블로그 주소 또는 URL을 선택한다.

([예] https://newbiz2001.blogspot.com)

⑦ 저장을 클릭한다.

한편, 구글 블로그를 만든 후에는 아래와 같은 몇 가지의 작업이 추가로 필요하며([그림 7-3] 참고), 수시로 다양한 컨텐츠를 등

[그림 7-3] 구글 블로그

록하면 된다.

① 블로그 홈(www.blogger.com/home)에서 Theme를 클릭한 후에 테마(예: Simple Bold)를 선택한다.

② 포토샵으로 직접 만든 블로그의 헤더(Header) 이미지를 등록해야 하는데, [Layout] – [Header]에서 등록하면 된다.

③ 프로필을 등록해야 하는데, Edit User Profile(www.blogger.com/edit-profile.g)에서 등록하면 된다.

④ 블로그에 다양한 컨텐츠를 등록하기 위해서는 블로그 홈의 왼쪽 상단에 있는 [+NEW POST]를 클릭하여 등록하면 된다.

(2) 다른 웹 사이트의 링크가 포함된 페이지 만들기

구글 블로그에서는 기업에서 운영하고 있는 다른 웹 사이트의 링크가 포함된 페이지를 아래의 순서로 만들 수 있는데([그림 7-4] 참고), 그것은 구글 블로그에서 HTML 명령어를 활용하여 다른 웹 사이트로 링크가 되도록 할 수 있다는 것을 의미이다.

① Blogger(www.blogger.com)에 로그인한다.

② 왼쪽 상단에서 블로그(B)를 선택한다.

[그림 7-4] 링크가 포함된 페이지 만들기

③ 왼쪽 메뉴에서 Layout(레이아웃)을 클릭한다.

④ 페이지를 표시하려는 섹션([예] Cross-Column)에서 가젯 추가(Add a Gadget)를 클릭한다.

⑤ HTML/JavaScript를 클릭한 후에 Title 및 Content를 작성하면 되는데, Content에서는 HTML 명령어를 활용하여 홍보하고 싶은 다른 웹 사이트들의 링크를 추가하면 된다. 아울러 이미지 호스팅 사이트에 등록된 이미지도 〈img src=“”〉 명령어를 활용하여 불러올 수 있다.

⑥ SAVE를 클릭하여 저장한다.

⑦ View blog를 클릭하여 블로그에서 다른 웹 사이트들에 대해 정상적으로 링크가 되는지를 확인한다.

한편, [그림 7-4]에서는 HTML 명령어를 활용하여 홍보하고 싶은 Daum카페, Naver카페, 구글 블로그, 밴드 및 인스타그램의 링크를 추가하였다. 또한 이미지 호스팅 사이트에 등록된 상품이미지를 〈img src=“”〉 명령어를 활용하여 불러온 후에 이미지를 클릭하면 상품을 구매할 수 있는 전자상거래 사이트 혹은 인터넷쇼핑몰의 상품구매 페이지로 링크가 되도록 만들어 보았다.

[그림 7-4]에서 만들어 본 링크가 포함된 페이지는 아직은 미완성이지만, 구글 블로그에서는 포토샵 이미지, HTML 명령어 및 이미지 호스팅 사이트의 3가지를 활용하여 기업에서 개발하여 운영하고 있는 모든 홍보 사이트들과의 연동이 가능하다. 이를 활용하여 기업의 홍보 효과를 극대화시킬 수 있다.

(3) 홍보 및 전자상거래 사이트 만들기

위에서 설명한 다른 웹 사이트의 링크가 포함된 페이지 만들기를 활용하면, 구글 블로그를 홈페이지형 블로그 혹은 전자상거래 사이트의 개발 및 운영도 가능하다. 이를 위해서는 다음과 같은 방법으로 진행하면 된다.

① 포토샵으로 상품이미지를 만들어서 상품 이미지 호스팅 사이트에 등록한 후에 〈img src="이미지 주소"〉 명령어를 사용하여 구글 블로그에 불러와서 보여준다.

② 구글 블로그에 불러온 상품이미지를 클릭하면, HTML 명령어를 활용하여 전자상거래 혹은 인터넷쇼핑몰의 상품 주문페이지로 링크시킨다.

③ 홍보 및 판매하고 싶은 상품이 많은 경우에는 TABLE 명령어를 활용하여 [그림 7-4]에서와 같이 전자상거래 혹은 인터넷 쇼핑몰의 메인 화면처럼 만들면 된다.

④ 위에서 설명한 3가지(①, ② 및 ③)를 효과적으로 진행하기 위해서는 제1장과 제2장의 내용을 참고하면 되는데, 특히 [제1장 3. 포토샵 이미지를 서버에 등록하기]를 이해하고 활용하는 것이 중요하다.

4. 파워 블로그의 사례 및 벤치마킹

블로그를 활용하여 비즈니스(new business start-up)를 직접 진행하거나 지원하기 위해서는 소위 말하는 파워 블로그들을 조사하고 벤치마킹(Benchmarking)하는 것이 필요할 것이다. 예를 들어, 관심 있는 분야의 블로그 중에서 매일 방문자가 500명이 넘어가는 블로그들의 활동을 꾸준히 조사하고 살펴보는 것으로도 자신이 파워블로거(Power Blogger)로 성장하고 발전하는 데 많은 도움이 될 수 있다.

① 행복한중기씨(blog.naver.com/smallgiantk): 누적 방문자 595만명(2019.07.27. 기준)

② 전기안전 미리미리(blog.naver.com/kescomiri): 누적 방문자 1,114만명(2019.07.27. 기준)

③ 1등 엄마의 새로운 시작(blog.naver.com/kika4865): 누적 방문자 3,905만명(2019.07.27. 기준)

④ 한별이의 제약영업 나눔터(blog.naver.com/bluesurf1088): 누적 방문자 450만명(2019.07.27. 기준)

⑤ 배짱이의 여행스토리(blog.naver.com/1978mm): 누적 방문자 600만명

한편, 파워 블로그의 사례 및 벤치마킹과 더불어 본인이 관심이 있는 분야의 비즈니스(new business start-up)를 홍보하기 위해 추가적으로 해야 할 것은 아래의 두 가지로 생각할 수 있다.

① **성공적인 블로그의 조사**: 다음(티스토리), 네이버(Naver) 그리고 구글(Google)에서 블로그를 성공적으로 운영하고 있는 사례들을 조사한 후에 블로그를 효과적으로 개발하고 꾸미기 위해 어떤 HTML 명령어 및 포토샵 이미지들을 활용하고 있는가를 조사해 보는 것은 성공적으로 블로그를 운영하는 데 많은 도움이 될 것이다.

② **블로그의 개설 및 운영**: 다음(티스토리), 네이버(Naver) 그리고 구글(Google)의 블로그 등을 직접 개설하여 운영하는 것은 필요한데, 가능하면 다양한 블로그를 개설하여 운영하는 것을 추천한다.

③ 포토샵 이미지, HTML 명령어 및 이미지 호스팅 사이트의 3가지를 통합적으로 활용하여 홈페이지형 블로그뿐만 아니라 전자상거래형 블로그로 발전시키는 것이 필요하다.

☞ [YouTube 채널: 김영문_travel_and_sbiz]

유튜브(YouTube)에 등록되어 있는 블로그(blog)의 개발과 관련된 강좌는 다음과 같다.

① (네이버 및 구글) 블로그 만들기

② 인터넷홈페이지로서 블로그와 카페

③ 블로그의 개발 및 운영

제8장

홈페이지형 블로그의 개발 및 운영하기

1. 홈페이지형 블로그의 개요
2. 홈페이지형 블로그 개발의 고려사항
3. 홈페이지형 네이버 블로그의 개발 절차

1. 홈페이지형 블로그의 개요

블로그 중에는 홈페이지형 블로그가 있는데, 홈페이지형 블로그는 홈페이지와 블로그의 합성어로 홈페이지 느낌이 있는 디자인의 블로그 혹은 창업기업의 홈페이지와 같이 사용할 수 있는 블로그(blog)를 말한다. 기존 홈페이지에 비해 상대적으로 가격이 저렴하고 관리가 쉽다는 것이 홈페이지형 블로그의 가장 큰 장점이다(브릿지경제, 2017.8.9.).

또한 홈페이지형 블로그는 홈페이지 대용으로 사용 가능한 고급형 블로그를 의미하는데(data-flow.co.kr/marketing/homeblog), 홈페이지에 버금가는 디자인과 가능을 구현한 새로운 소셜 미디어 형태를 만드는 작업이 필요하다(더퍼블릭, 2020.6.16.). 한편, 네이버 블로그를 활용하여 홈페이지 대용으로 사용 가능한 고급형 블로그를 만들 수 있는 방법에 대해서는 아래의 사이트에서 자세하게 설명하고 있다.

(1) How to(how-to-learn.tistory.com)

① 홈페이지형 네이버 블로그 만들기(블로그 디자인 기획)

② 홈페이지형 네이버 블로그 만들기(디자인)

③ 홈페이지형 네이버 블로그 만들기(제작하기)

(2) 홈페이지형 블로그의 제작 및 운영은 다음의 다양한 강좌 혹은 자료를 참고하면 된다.

① 30분만에 홈페이지형 블로그 만들기(youtu.be/RJCM_oHqSIs)

② 홈페이지형 블로그 쉽게 만들기(www.youtube.com/@user-kr1hu8he1r)

③ 홈페이지형 블로그 만들기(creative-soul.tistory.com)

2. 홈페이지형 블로그 개발의 고려사항

네이버 블로그를 활용하여 홈페이지형 블로그를 개발할 때에는 먼저 홈페이지형 블로그의 용도 혹은 목적을 먼저 생각해야 하는데, 이것은 만들어야 하는 포토샵 이미지, 사용해야 하는 HTML 명령어 및 이미지 호스팅 사이트의 활용 방법에 직접적으로 영향을 미치기 때문이다.

① 홍보의 목적으로 개발하는 홈페이지형 블로그인가? 홍보의 목적이라면, 다음의 두 가지 중에서 한 가지 방법을 생각해야 한다.

ⓐ 블로그 내에 모든 홍보 컨텐츠(텍스트, 이미지 및 동영상)

를 등록할 것인가?

ⓑ 외부 사이트와 연계하여 다양한 홍보 컨텐츠(텍스트, 이미지 및 동영상)를 제공할 것인가?

② 홍보뿐만 아니라 상품판매를 함께 진행하는 홈페이지형 블로그인가? 홍보뿐만 아니라 상품판매를 동시에 진행하는 홈페이지형 블로그의 경우에는 다음의 두 가지를 고려해야 할 것이다.

ⓐ 블로그 내에서만 상품의 홍보 및 판매를 진행할 것인가?

ⓑ 블로그 및 외부 전자상거래 사이트를 함께 활용하여 상품판매를 진행할 것인가?

3. 홈페이지형 네이버 블로그의 개발 절차

(1) 네이버 블로그의 개발

위에서도 언급하였듯이 홍보를 목적으로 개발하거나 홍보 및 상품판매를 동시에 진행하는 홈페이지형 블로그의 목적에 상관없이 개발 절차에는 큰 차이가 없다고 할 수 있다. [그림 8-1]은 저자가 개발하고 있는 홈페이지형 네이버 블로그인데, 먼저 블로그 개발의 주요 내용 및 절차를 설명하면 아래와 같다.

[그림 8-1] 홈페이지형 네이버 블로그

① [타이틀]－[디자인]－[직접등록]－[파일등록]에서 포토샵으로 제작한 타이틀 이미지(가로 966px, 세로 50~600px)를 등록하였다.

② [카테고리 관리 · 설정]에서 블로그의 [카테고리 추가]를 클

릭한 후에 좌측에 있는 25개의 카테고리를 설정하였다.

③ [상단메뉴 설정]–[상단 메뉴 지정]에서 타이틀 이미지 바로 아래의 상단 메뉴에 배치할 4개의 블로그 카테고리(김영문교수 창업학, 창업학 동영상강좌, 창업길라잡이, 인생역전/성공신화)를 선택하였다. 참고로 블로그 카테고리를 상단 메뉴에 배치하여 방문자들이 더 쉽게 찾아볼 수 있도록 하며, 블로그 카테고리는 합쳐서 최대 4개까지 선택할 수 있다.

④ [블로그 정보]에서 포토샵으로 만든 138*408 크기의 [블로그 프로필 이미지]를 오른쪽에 등록하였다.

⑤ [관리]–[꾸미기 설정]–[세부 디자인 설정]에서 오른쪽의 [전체 박스]–[디자인]–[스타일]에서 하나를 선택한 후에 [적용]을 클릭한다.

(2) 위젯을 활용한 홈페이지형 네이버 블로그의 개발

위에서 홈페이지형 네이버 블로그를 개발하기 전에 기본적인 네이버 블로그를 개발하는 방법 및 절차에 대해 설명하였으며, 지금부터는 위젯(widget)을 사용하여 홈페이지형 네이버 블로그를 개발하는 절차에 대해 구체적으로 설명할 것이다.

① [네이버 블로그]–[내 메뉴]–[스킨변경]에서 스킨을 선택해야 하는데, 저자는 [솜사탕]을 선택한다.

② [내 메뉴]–[세부 디자인 설정]–[레이아웃 변경]을 클릭한 후에 레이아웃을 셋팅하게 되는데, 이를 위해서는 먼저 [타이틀]

[그림 8-2] 위젯 직접 등록

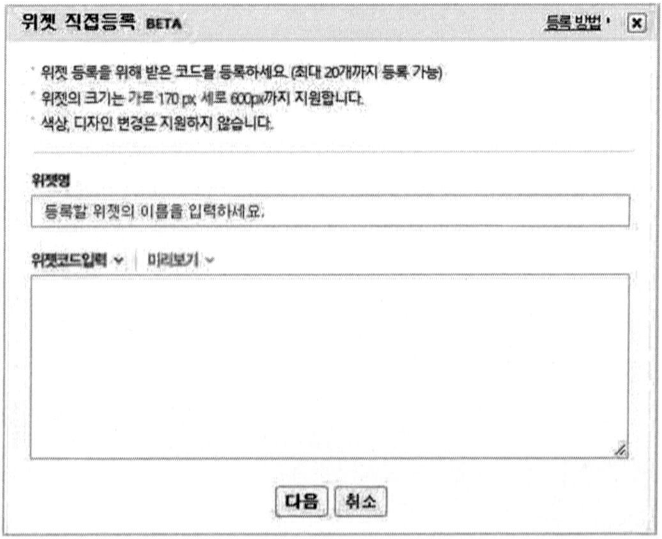

에 있는 엑스(x)를 클릭한다. 하지만, [타이틀]이 그대로 있는 상태에서 [그림 8-2]에서 만든 위젯(widget)을 마우스로 끌어서 [그림 8-3]에서와 같이 [메뉴 형태] 바로 아래에 배치될 수 있으면 [타이틀]에 있는 엑스(x)를 굳이 클릭하지 않아도 된다.

③ 오른쪽 하단에 있는 [+위젯직접등록] 메뉴에서 위젯을 만들어서 등록해야 하는데, 홍보하고 싶은 내용에 따라 HTML 명령어, 포토샵 이미지 및 이미지 호스팅 사이트를 활용하면 된다. 예를 들어, [+위젯직접등록]을 클릭한 후에 [그림 8-2]에서 아래와 같이 설정한다.

ⓐ 위젯명에는 등록할 위젯의 이름을 입력하면 되는데, 8개

의 위젯을 만든다고 생각하면 그냥 a1...a8을 입력해도 된다.

ⓑ 위젯코드입력에는 아래 형식의 HTML 명령어를 입력한다. 아래의 HTML 명령어는 이미지 호스팅 사이트에 있는 이미지를 불러온 후에 클릭하면 홍보를 하고 싶은 사이트로 링크를 시키는데, [제2장 HTML의 이해와 활용하기]에 있는 HTML 명령어로 만들면 된다.

```
<table width=150 height=120 border=3>
<tr><td>
  <a href="홍보하고 싶은 사이트 주소“ target=win1>
    <img src="이미지 호스팅 사이트에 있는 이미지 주소" width="
90" height="90">
  </a>
</td></tr>
</table>
```

ⓒ [그림 8-2]에서의 위젯코드입력은 홈페이지형 블로그의 용도 혹은 목적에 따라 달라지게 된다. 또한 블로그 내에 있는 등록되어 있는 컨텐츠(텍스트, 이미지 및 동영상)로 링크를 할 때에 [홍보하고 싶은 사이트 주소]는 블로그에 등록한 컨텐츠의 오른쪽 상단에 자동으로 만들어지는 URL(uniform resource locator) 주소를 사용하면 된다.

④ [그림 8-1]에서 보면 8개의 위젯(a1부터 a8까지의 8개 위젯)을

[그림 8-3] 위젯을 활용한 홈페이지형 네이버 블로그의 개발

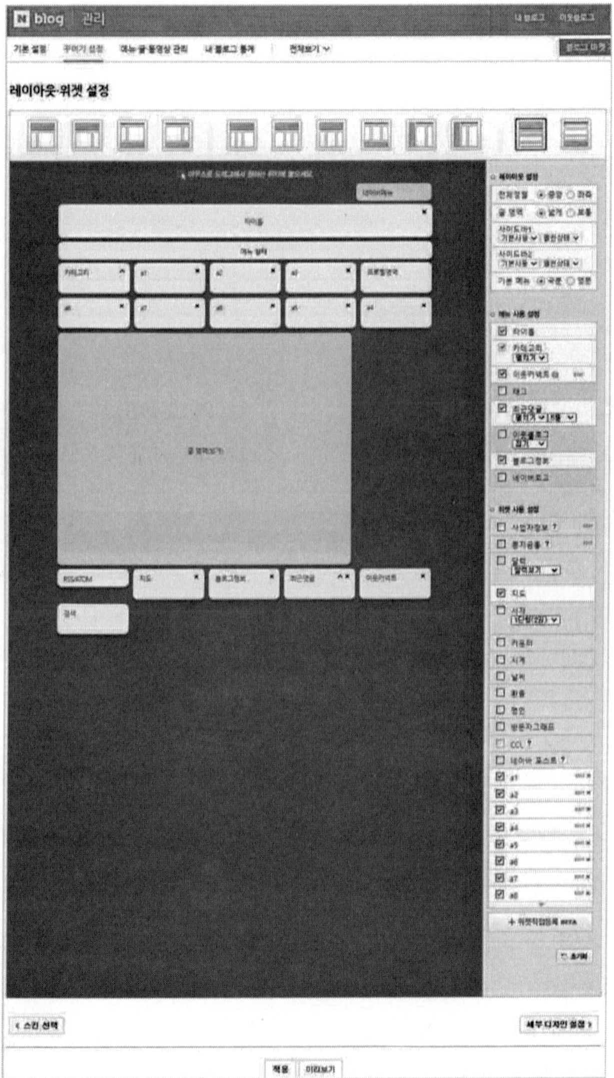

만들어서 [그림 8-3]과 같이 배치를 하였는데, 이를 위해서는 위에서 설명한 것과 같이 [+위젯직접등록]을 클릭한 후에 HTML 명령어, 포토샵 이미지 및 이미지 호스팅 사이트를 활용하여 [그림 8-2]에서와 같이 8개의 위젯을 만들면 된다.

⑤ [그림 8-2]에서 만든 8개의 위젯은 [그림 8-3]의 [글 영역] 아래에 자동 배치가 되는데, 마우스로 끌어서 [그림 8-3]에서와 같이 [메뉴 형태] 바로 아래에 배치시키면 된다.

⑥ [그림 8-3]의 오른편에 있는 [메뉴사용설정]-[타이틀]을 클릭하여 타이틀 이미지가 [메뉴 형태] 바로 위에서 다시 보이도록 한다.

⑦ [그림 8-3]의 맨 아래에 있는 [미리보기]를 클릭하여 8개의 위젯이 정상적으로 배치가 되어 홈페이지형 네이버 블로그의 개발이 완료되었다고 판단되면 [적용]을 클릭하면 된다.

한편, 네이버 블로그에서와 같이 위젯(widget)을 만들 수 없는 경우에는 구글 블로그에서의 가젯 추가(Add a Gadget)를 활용하여 홈페이지형 블로그를 만들 수 있다. 구글 블로그에서 설명한 [다른 웹 사이트의 링크가 포함된 페이지 만들기]를 활용하여 홈페이지형 블로그를 만들 수 있는데, 위젯(widget)은 사용할 수 없더라도 포토샵 이미지, HTML 명령어 및 이미지 호스팅 사이트의 3가지를 사용할 수 있으면 얼마든지 가능하다. 또한 홍보뿐만 아니라 상품의 판매도 가능한 전자상거래 사이트 혹은 인터넷쇼핑몰을 개발할 수 있다.

☞ [참고] 포털사이트 네이버에서 검색하여 찾은 홈페이지형 블로그 제작 전문기업들은 다음과 같다. 이러한 전문기업들이 제작한 다양한 홈페이지형 블로그들을 벤치마킹(benchmarking)하면서 HTML 명령어, 포토샵 이미지 및 이미지 호스팅 사이트를 어떻게 활용하는지를 살펴보는 것은 기업의 경영성과 향상에 도움이 되는 홈페이지형 블로그의 개발 및 운영에 많은 도움이 될 것이다.

① 퍼스트블로거(www.firstblogger.co.kr)

② 에이디커뮤니케이션(www.adcomm.kr)

③ 고르다 Design(gorda.kr)

④ 김가네마케팅세상(www.k-marketing.co.kr)

제9장

페이스북의 개설 및 운영하기

1. 페이스북의 종류

2. 페이스북의 개설

3. 페이스북을 활용한 인맥형성 및 홍보

1. 페이스북의 종류

세상을 연결한다(connecting the whole world)라는 기업 미션으로 출발한 페이스북(facebook)은 SNS의 리더(leader)라고 할 수 있으며(베타공간, blog.naver.com/edelsoft), 아래와 같이 3가지로 구분하여 개설 및 운영할 수 있다.

① **페이스북(프로필, 개인계정)**: 페이스북의 개인 계정을 말하는데, 가입하는 방법과 프로필 설정하기 등에 대해서는 페이스북 고객센터(www.facebook.com/help)에서 자세하게 설명하고 있다.

ⓐ 페이스북의 개인계정이 있는 경우에는 페이스북(페이지) 혹은 페이스북(그룹)을 개설할 수 있다.

ⓑ 페이스북(페이지) 혹은 페이스북(그룹)을 만든 후에는 페이스북의 개인계정은 사용하지 않는 네티즌들이 많은데, 그것은 개인계정에서의 친구 추가는 5,000명으로 제한되어 있기 때문이다. 따라서 페이스북을 활용하여 기업에서 생산하거나 판매하고 있는 상품에 대한 홍보를 하는 경우에는 굳이 페이스북의 개인계정을 사용할 필요가 없다.

② **페이스북(페이지)**: 고객들이 페이지를 통해 쉽게 창업자의 비즈니스, 제품 및 서비스에 관해 조금 더 알아보고 또한 문의할 수 있도록 활용할 수 있는 장점이 있다.

③ **페이스북**(그룹): 판매/구매, 친한 친구, 클럽, 이웃, 가족, 스터디 그룹. 여행, 소셜 학습 등 다양한 그룹 유형을 설정할 수 있는 특징이 있는데, 페이스북 그룹 중에서 판매/구매 그룹이 가장 활성화가 되고 있는 실정이다.

☞ **[참고]** 페이스북 고객센터(www.facebook.com/help)에서 확인할 수 있는 중요한 사항들은 아래와 같다.

① 계정 만들기

② 프로필 정보 추가(프로필 사진 및 커버 사진)

③ 페이지 만들기 및 관리하기

④ 그룹 만들기

⑤ 이벤트 만들기 및 관리하기

⑥ 광고

2. 페이스북의 개설

위에서 페이스북의 종류를 3가지로 설명했는데, 페이스북의 개설 또한 종류별로 다르다. 또한 페이스북에서는 홍보 및 인맥 형성뿐만 아니라 상품판매도 얼마든지 가능하기 때문에 3가지를 모두 개설하여 사용해 보는 것도 좋을 것이다.

(1) 페이스북(프로필, 개인계정)의 개설

페이스북에서 계정을 만들기 위해서는 아래의 순서로 진행하면 된다(www.facebook.com/help/188157731232424).

① 페이스북(facebook.com)에 접속하여 새 계정 만들기를 클릭한다.

② 이름, 이메일 또는 휴대폰 번호, 비밀번호, 생일, 성별을 입력한다.

③ 가입하기를 클릭한다.

④ 계정 만들기를 완료하려면 이메일 또는 휴대폰 번호를 확인해야 한다.

대부분의 개인들이 페이스북을 하고 있다고 하면, 그것은 페이스북의 개인계정을 운영하고 있다는 의미라고 생각하면 된다. 또한 인맥의 형성 및 확장을 위해서 가장 먼저하는 일은 바로 페이스북의 개인계정을 운영하고 있는 사람들을 찾아서 [친구추가]를 하게 된다.

한편, 페이스북(프로필, 개인계정)을 개설한 후에는 커버 사진 및 프로필 사진을 등록하는 것이 필요하며, PC 및 휴대폰에서 어떻게 보이는지를 동시에 확인해 보는 것이 필요하다([그림 9-1] 참고).

① **커버 사진**: 페이스북 커버 사진의 출력 사이즈는 아래와 같이 기기마다 사이즈가 상이하며, 안전사이즈는 PC와 스마트폰이

[그림 9-1] 페이스북의 커버 및 프로필 등록

중첩되는 부분인 640 * 312라고 할 수 있다.

ⓐ PC: 820 * 312

ⓑ 스마트폰: 640 * 360

ⓒ 최소크기: 400 * 150

② **프로필 사진**: 프로필 사진은 컴퓨터에서 176x176픽셀 그리고 스마트폰에서 196x196픽셀로 표시되며, 원 모양으로 잘려 표시된다.

☞ **[참고: 페이스북 게시물의 URL 확인 및 활용]** 페이스북에 홍보를 위한 컨텐츠를 등록한 후에 해당 글의 우측 상단에 있는 [더 보기(점3개)]–[〈/〉퍼가기]–[고급설정]–[코드 생성기(게시물 URL)]에서 확인할 수 있으며, 기업에서 운영하고 있는 다양한 웹 사이트에서

페이스북(프로필, 개인계정)에 등록되어 있는 홍보 컨텐츠 혹은 판매 상품으로 링크(link)를 시킬 때에 유용하게 활용할 수 있다.

(2) 페이스북(페이지)의 개설

페이스북 페이지는 비즈니스, 브랜드, 단체, 공인 등이 자신의 소식을 공유하고 사람들과 소통하는 공간이며, 프로필과 마찬가지로 스토리, 이벤트 등을 사용하여 페이지를 맞춤 설정할 수 있다. 예를 들어, 가장 맛있는 족발(gajok.kr)에서는 페이스북 페이지를 활용하여 '초성 퀴즈 이벤트'를 실시하여 애견용 미니족발 간식을 홍보하고 있다(로이슈, 2023.1.4.).

한편, 페이지를 좋아하거나 팔로우하는 사람은 피드에서 업데이트 소식을 받을 수 있으며, 페이지를 만들려면 다음의 순서로 진행하면 된다.

① 페이지 만들기(facebook.com/pages/create)로 이동한다.

② 페이지 이름과 카테고리를 입력하며, 페이지 소개도 추가할 수 있다.

③ 페이지 만들기를 클릭한다.

④ 페이지를 꾸미고 싶다면 소개, 프로필 사진 및 커버 사진을 추가할 수 있다.

⑤ 완료를 클릭한다.

(3) 페이스북(그룹)의 개설

페이스북에서 그룹을 개설하는 절차는 다음과 같다.

① 먼저 페이스북의 개인계정(프로필)이 있어야 한다.

② 페이스북의 상단에 있는 그룹 이미지(혹은 www.facebook.com/groups)를 클릭한 후에 [그룹]−[+ 새 그룹 만들기]를 클릭하여 [그룹 만들기]에서 그룹을 만들면 된다([그림 9-2] 참고). 다만, [친구 초대]에서는 친구 한 명 이상의 이름 혹은 이메일 주소를 입력하는데, 이것은 선택 사항이다.

[그림 9-2] 페이스북 그룹 만들기

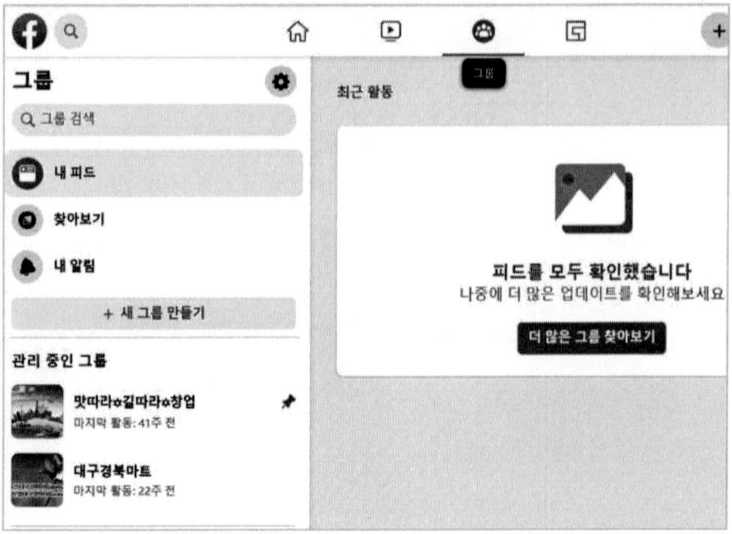

위에서 설명한 것을 조금 구체적으로 설명하면 다음과 같다.

① 피드의 왼쪽 메뉴에서 그룹을 클릭한다. 혹시라도 그룹이 보이지 않으면 [더 보기]를 클릭한다.

② 새 그룹 만들기를 클릭한다.

③ 그룹 이름을 입력한다.

④ 공개 범위 옵션을 선택한다. 만약에 비공개를 선택했다면, 그룹을 공개할지 아니면 숨길지 선택한다.

⑤ 그룹에 사람을 추가한다.

⑥ 만들기를 클릭한다.

⑦ 그룹을 만든 후에 커버 사진을 업로드하고 설명을 추가한다.

또한 페이스북 그룹들은 대체로 특정 주제에 대한 지식을 공유하는 걸 좋아하는데, 이 점을 살려 특정 주제에 대한 지식을 가진 전문가가 그룹에서 왕성하게 활동할 수 있도록 그룹 전문가를 지정할 수도 있다(테크플러스, 2021.7.15.). 그룹에서 특정 멤버를 그룹 전문가로 지정하는 절차는 다음과 같다.

① 피드의 왼쪽 메뉴에서 그룹을 클릭하고 그룹을 선택한다. 혹시라도 그룹이 보이지 않으면 [더 보기]를 클릭한다.

② 멤버를 클릭한다.

③ 그룹 전문가로 지정하려는 멤버를 선택하고 더 보기(more) 아이콘을 클릭한 다음 그룹 전문가로 추가를 선택한다.

한편, 페이스북(그룹)에서 홍보뿐만 아니라 상품판매를 하고 있는 사람들이 크게 증가하고 있는 실정인데, 상품판매를 하기 위해서는 아래의 절차가 필요하다.

① 그룹을 만든 후에 왼쪽에 있는 [관리자 도구]－[설정]을 클릭하여, [기능 추가]－[그룹 유형]에서 [판매/구매]을 선택한 후에 [저장]을 클릭하면 된다.

② 페이스북에서 [판매/구매] 그룹을 만들었으면, 기업에서 판매하고 싶은 상품을 [판매/구매]－[판매하기]에서 등록하여 판매하면 된다.

☞ **[참고]** 페이스북의 기능도 조금씩 변경되는 경우가 있기 때문에 가끔은 고객센터(www.facebook.com/help)에서 확인하는 것이 필요하다.

☞ **[참고: 김영문교수의 페이스북 계정 4가지]** 페이스북을 활용하여 홍보를 하는 방법을 제대로 배우는 첫 번째의 방법은 페이스북에서 제공하고 있는 개인계정, 페이지 및 그룹을 모두 개설하여 운영해 보는 것이라고 할 수 있다. 이를 통하여 개인계정, 페이지 및 그룹 간의 차별성 혹은 특성들을 제대로 알 수 있으며, 페이스북을 활용한 홍보 효과를 높이는 데에도 많은 도움이 될 수 있다.

① 개인계정(www.facebook.com/YoungMoonKim)

② 페이스북 페이지(www.facebook.com/tkmartpage)

③ 페이스북 그룹1(www.facebook.com/groups/282244512494866)

④ 페이스북 그룹2(www.facebook.com/groups/412099923319504)

3. 페이스북을 활용한 인맥형성 및 홍보

페이스북(facebook)을 활용한 3가지 유형의 소셜 네트워크 서비스(Social Network Service; SNS) 중에서 가장 많이 사용되고 있는 페이스북(프로필, 개인계정)을 활용하여 인맥형성 혹은 홍보를 위한 몇 가지 방법을 소개하면 다음과 같다([그림 9-3] 참고).

① [사진/동영상]을 클릭한 후에 사진뿐만 아니라 홍보하고 싶은 내용에 대한 동영상(UCC)을 제작하여 등록할 수 있는데, 페이

[그림 9-3] 페이스북의 개인 프로필

스북(프로필, 개인계정)에서 가장 많이 사용하는 기능이라고 할 수 있다.

② [이벤트]를 만들 수 있는데, Facebook 오른쪽 상단에서 +(만들기) 아이콘을 클릭한 다음에 [이벤트 만들기]에서 만들면 된다.

③ 페이스북의 경우에는 5천명까지만 연결할 수 있는데, 더 많은 사람들에게 홍보를 하기 위해서는 추가적으로 페이스북 아이디를 개설하거나 페이스북 페이지(facebook page)를 개설하여 운영하면 된다.

한편, 페이스북의 개인 계정을 갖고 있는 경우에는 여러 개의 그룹 혹은 페이지를 만들 수 있는데, 페이스북 페이지(facebook page)는 회사, 브랜드 및 단체가 자신들의 소식을 공유하고 사람들과 연결할 수 있는 공간이라고 할 수 있다. 페이스북의 개인 프로필과 마찬가지로 페이지도 소식을 게시하거나 이벤트를 열거나 앱을 추가하는 등 다양한 활동을 통해 자유롭게 활용할 수 있다.

[그림 9-3]은 페이스북에서 개설한 저자의 프로필(개인계정)인데, 이것은 비상업용이며 개별 사용자를 나타낸다. 관심이 있지만 친구를 맺지 않은 사람의 공개 업데이트는 프로필을 팔로우하여 확인할 수 있도록 하고 있다.

하지만, 페이스북 페이지(facebook page)는 개인 프로필과 비슷하지만 비즈니스, 브랜드, 단체를 위한 고유한 도구를 제공하고 있다. 페이지는 개인 프로필(개인계정)을 가진 사람들에 의해 개설 및 관리되며, 페이지의 "좋아요"를 클릭하면 뉴스피드(news feed)에서 업데이트를 볼 수 있다. 즉, 페이스북에 등록하는 사용자는 각자 하나의 계정과 로그인 정보를 가지며, 계정마다 개인 프로필 1개가 포함되며 하나의 계정에서 여러 개의 페이지 혹은 그룹을 만들고 관리할 수 있다.

또한, [그림 9-3]에서는 개인 프로필에서 2개의 페이지를 만들었다는 것을 보여주고 있으며, [페이지 만들기] 및 [그룹만들기] 메뉴도 확인할 수 있다.

① 맛따라 길따라
② 뉴비즈니스연구소

한편, 페이스북에서 광고를 시작하기 전에 적어도 수 백 명과의 인맥형성 및 유용한 컨텐츠의 등록이 선행되어야 할 것으로 판단된다. 참고로 저자가 운영하고 있는 페이스북(프로필, 개인계정)(www.facebook.com/YoungMoonKim)에서는 여행, 맛집 그리고 창업관련 컨텐츠를 많이 등록하고 있는데, 장기적으로 저자가 운영하고 있는 다른 SNS들과의 연계를 통해 여행, 맛집 그리고 창업관련 사업을 하기 위한 준비를 하고 있다. 따라서, 페이스북(프로필, 개인계정)을 개설하여 운영할 때에도 SNS에서 형성한 인맥들을 활용하여 어떤 일을 할 것인가를 생각하는 것이 필요하다.

☞ **[참고: 페이스북에서의 광고]** 페이스북에서 광고를 하기 위해서는 다음과 같이 진행하면 되는데, 페이스북 광고의 접촉 경험자가 해당 광고를 클릭한 경험도 65.3%나 되는 것으로 조사되었다. 또한 페이스북 이용자가 해당 플랫폼에서 광고 경험을 통해 상품 구매까지 이어지는 비율이 약 19.1%로 광고 효과가 상당한 것으로 조사되었다(세계일보, 2023.1.1.).

① 오른쪽 상단에 있는 화살표(▼)를 클릭한 후에 맨 아래에 있는 광고(facebook.com/business)를 클릭한다([그림 9-4] 참고).

② Facebook 광고 설정(facebook.com/business/ads)에서 [광고 만

[그림 9-4] 페이스북에서의 광고

들기]를 클릭하여 광고를 진행한다.

③ Facebook 광고 시작하기(facebook.com/business/learn/categories/introduction)를 클릭한 후에 살펴보면, 페이스북에서의 광고 제작 방법에 대한 전반적인 지식과 유용한 팁을 얻을 수 있다.

☞ [YouTube 채널: 김영문_travel_and_sbiz]

유튜브(YouTube)에 등록되어 있는 [제9장 페이스북의 개설 및 운영하기]와 관련된 강좌는 다음과 같다.

① 페이스북 개인계정, 페이지 및 그룹 운영

② 페이스북을 활용한 홍보, 광고 및 상품판매

③ 기업에서 페이스북의 활용

제10장

기타 SNS의 개설 및 운영하기

1. 밴드(Band)
2. 트위터(twitter)
3. 인스타그램(Instagram)
4. 홍보를 위한 국내외 앱의 종류

위에서 인터넷으로 홍보할 수 있는 다양한 방법들에 대해 구체적으로 설명을 하였으며, 2004년 2월에 당시 하버드대 재학생이었던 마크 주커버그가 페이스북(facebook)을 처음 시작한 이후 2006년에는 트위터(Twitter) 등의 다양한 SNS가 인맥형성 및 홍보의 수단으로 다양하게 활용되기 시작하였다. 요즈음은 개인 및 기업뿐만 아니라 관공서에서도 SNS를 홍보의 수단으로 적극 활용하고 있는 실정이며, 이를 위하여 SNS홍보단을 모집하여 적극 활용하고 있는 실정이다(시사뉴스, 2022.12.28.).

1. 밴드(Band)

밴드(Band)는 2012년 8월 8일에 처음으로 출시된 네이버(주)의 소셜 네트워크 서비스(SNS)로 안드로이드(Android)와 iOS 운영체제를 지원하며, 국내 40~60대가 가장 많이 사용하고 있는 앱으로 조사되었다(연합뉴스, 2022.12.30.). 2013년 초에는 네이버(주)의 모바일 분야 자회사인 캠프모바일이 설립되어 네이버 밴드의 개발과 운영을 진행하였으며, 학급 밴드, 동창회 밴드, 골프 밴드 등 기존의 대중적인 모임을 넘어 동네 가게 밴드, 1:1 트레이닝 밴드와 같은 새로운 모임들이 밴드에서 지속적으로 만들어지며

10년 동안 누적 5천300만 개의 밴드가 개설되었다(ZDNet Korea, 2022.8.26.).

(1) 밴드의 주요 기능

밴드(Band)를 활용하여 홍보를 효과적으로 진행하기 위해서는 먼저 밴드가 제공하는 다양한 기능을 정확하게 이해하는 것이 필요한데, SNS로써 밴드(Band)는 앞에서 설명한 카페(cafe)와는 개발 및 운영의 측면에서 많은 차이가 있다. 또한, 밴드의 주요 기능은 다음과 같은데, 밴드가 제공하는 다양한 기능을 어떻게 활용하여 홍보를 위한 사이트로 활용할 것인가를 계획하는 것이 필요하다.

① **게시판(대표태그)**: 타임라인 형태로 메시지 게시가 가능하며 최신 글이 가장 위에 게시된다. 첨부된 파일 중 멀티미디어 파일이나 마이크로소프트 오피스 포맷의 파일은 직접 미리보기가 가능하다.

② **채팅**: 일대일 혹은 일대다 형태의 인스턴트 메시징(instant messaging)의 기능을 제공한다.

③ **멤버**: 밴드에 특정 멤버를 초대하고, 밴드 내에 가입된 멤버들의 주소록을 관리할 수 있다. 초대는 라인, 카카오톡 등의 다른 메신저 친구나, 페이스북 친구 등을 연동하여 손쉽게 초대 가능하며 문자메시지 형태로도 가능하다.

④ **투표**: 멤버들이 참여하는 투표 형태의 게시물을 게시할 수

있다.

⑤ **캘린더**(calendar): 밴드 멤버들의 중요 일자, 생일, 기념일, 미팅 등을 공유할 수 있는 통합 그룹 달력 기능을 제공한다.

⑥ **사진 앨범**: 해당 밴드 멤버들에 의해 공유 가능한 사진들을 게시할 수 있으며, 한 번에 100장까지 업로드 가능하다.

⑦ **피드**(feed): 게시물이 업로드 된 시간, 댓글, 좋아요 등과 사용자의 성향을 조합하여 사용자의 개인별 취향에 맞는 게시물 및 추천 밴드 정보를 제공하는 기능이다.

⑧ 밴드에서는 광고(bizcenter.band.us/main/home)를 진행할 수 있는데, 홍보 및 회원 증가에 많은 도움이 될 수 있다.

한편, 3.x 버전까지는 폐쇄형 소셜 네트워크 서비스 형태로 운영되었기 때문에 동호회나 동창 모임, 가족용 비공개 모임을 위해 주로 사용되었다. 하지만 2015년 4월 4.0 버전으로 업데이트 된 후 공개 밴드도 지원하게 되었으며, 공개형 소셜 네트워크 서비스 형태로 전환하였다. 이후 밴드의 속성을 공개, 밴드명 공개, 비공개로 나누었는데, 광고 및 상업성 밴드가 생겨나고 멤버 수가 많은 밴드의 매매가 이루어지는 등 부작용도 발생하고 있는 실정이다.

(2) 밴드를 만들 때에 설정해야 하는 사항

홍보를 위한 사이트로써 활용하기 위한 밴드(band.us)를 만들 때에 반드시 설정해야 하는 것들은 아래의 7가지라고 할 수 있는데, 특히 가입 신청 받기와 멤버들의 권한 설정은 신중하게 설정하는 것이 필요하다. 밴드에서 〈밴드 설정〉을 클릭하여 아래의 사항들을 설정하면 된다.

① **밴드주소**(url): 밴드주소는 왼쪽 상단의 밴드 이름 아래에 있는 [주소를 설정해 보세요]를 클릭하여 설정할 수 있는데, 밴드의 성격에 맞게 설정하는 것이 필요하다. 밴드를 기업의 홈페이지와 같이 사용하고자 하는 경우에는 밴드주소(url)를 설정하는 것이 좋다.

② **게시판**(**대표태그**): 기존 홈페이지의 게시판에 해당하는 것이며, 홍보를 효과적으로 진행하기 위해서는 반드시 설정해야 한다. 또한 홍보하고자 하는 내용 혹은 종류를 3~5가지 정도로 분류하는 것이 필요하며, 아래의 순서에 따라 게시판(대표태그)을 설정하면 된다([그림 10-1] 참고). 또한 게시판(대표태그)은 위 혹은 아래로 이동이 가능하다.

ⓐ 밴드 설정
ⓑ 게시판, 인기글 관리
ⓒ #게시판 설정
ⓓ ⊕게시판 만들기

③ **밴드 이름 및 커버**: 커버는 밴드의 성격을 나타내는 포토샵 이미지를 말하는데, 밴드에서 홍보하고자 하는 내용의 성격에 맞게 포토샵으로 이미지를 제작하여 등록하면 된다. 커버 이미지의 크기는 가로 640 및 세로 480 픽셀로 제작하면 되며, 파일 형식

[그림 10-1] 밴드의 게시판(대표태그)

은 JPG 혹은 PNG로 하면 된다.

④ **밴드 공개**: 비공개 밴드, 밴드명 공개 밴드 및 공개 밴드 중에서 선택하면 되는데, 밴드명 공개 밴드를 추천한다. 밴드명 공개 밴드는 누구나 밴드를 검색하여 찾을 수 있지만, 게시물은 멤버만 볼 수 있기 때문이다. 이로 인해 회원 가입 및 증가를 위해 도움이 될 수 있다.

⑤ **밴드 소개**: 어떤 목적으로 운영되고 있는 밴드인가를 설명한다.

⑥ **가입 신청 받기**: 회원 가입 시에 밴드 운영자의 승인 여부를 결정하는 것을 말하는데, 일반적으로 가입신청을 받아서 밴드

리더가 승인하는 것이 반드시 필요하다. 가입신청을 받는 경우에는 [가입 질문하기]에서 2~3가지의 질문을 등록한 후에 정확하게 답변을 하는 회원에 한하여 가입 승인을 하면 된다.

⑦ **멤버들의 권한 설정**: 밴드 회원들이 할 수 있는 것과 할 수 없는 것을 설정해야 하는데, [밴드 설정]–[멤버들의 권한 설정]에서 [설정]을 클릭한 후에 아래의 4가지는 모든 멤버들이 할 수 있는 것으로는 설정하고 나머지는 리더 혹은 공동리더만 할 수 있도록 설정하는 것이 좋다. 아울러 [멤버 초대]의 경우에도 불량한 회원들의 가입이 증가될 수 있기 때문에 신중하게 권한을 설정할 필요가 있다.

ⓐ 게시글 읽은 멤버 보기
ⓑ 글쓰기
ⓒ 댓글 쓰기
ⓓ 사진첩에 사진 올리기
ⓔ 멤버 초대

한편, 밴드 회원이 증가함에 따라 설정의 변경이 지속적으로 필요한데, 밴드 회원으로 활동하고 싶은 사람들도 있는 동시에 밴드에 가입된 회원을 대상으로 본인의 사업을 홍보하고 광고하고 싶은 사람들도 많기 때문이다. 이에 따라 [가입 신청 받기] 및 [멤버들의 권한 설정]을 할 때에 다양한 상황을 충분히 고려할 필요가 있는데, 그렇지 않으면 밴드의 운영 및 활동을 저해하는 글들이 너무 많이 등록될 수 있다.

(3) 밴드 개설 및 운영에 도움이 되는 사이트

밴드를 처음으로 개설하는 사람들에게 유익한 정보를 제공하는 사이트로는 아래와 같은데, 밴드를 성공적으로 개설하고 운영하는 데 많은 도움이 된다.

① 네이버 밴드의 모든 것(blog.naver.com/bandapp)

② 네이버 밴드 가이드(band.us/band/62396709)

③ 밴드 도움말(band.us/cs/help)

(4) 밴드를 활용한 홍보의 고려사항

밴드를 활용하여 홍보를 할 때의 주요 고려사항은 다음과 같다.

① 위에서도 설명했듯이 홍보하고자 하는 내용 혹은 종류에 따라 3~5개의 게시판(대표태그)을 설정하는 것이 필요하며, 상품을 등록하여 홍보할 때에는 기존 인터넷쇼핑몰 혹은 전자상거래 사이트와 같이 포토샵으로 상품이미지를 만드는 것이 필요하다.

② 게시판(대표태그)에 등록된 홍보를 위한 컨텐츠 혹은 상품 중에서 인기가 좋거나 시기적으로 적극적인 판매를 원하는 경우에는 해당 상품을 [공지로 등록]하거나 [중요공지로 등록]할 수 있다([그림 10-2] 및 [그림 10-3] 참고). 밴드에서 상품을 [공지로 등록] 혹은 [중요공지로 등록]하여 홍보하는 것은 인터넷쇼핑몰 혹은 전자상거래 사이트에서 상품을 메인 화면에 등록하는 것과 유사하게 생각할 수 있다.

[그림 10-2] 공지로 등록

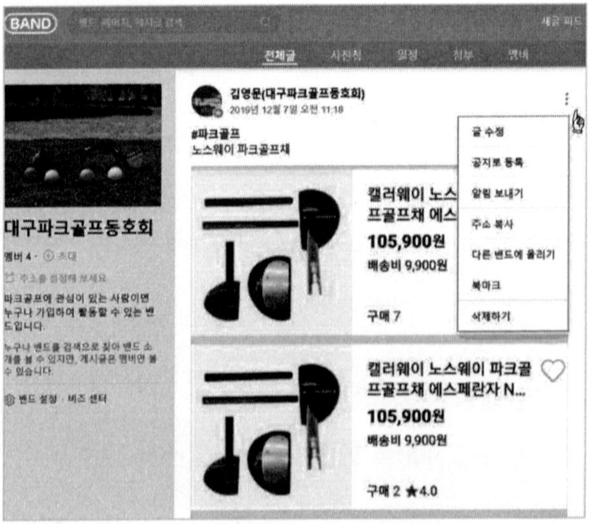

한편, 공지 글은 일반 공지와 중요 공지가 있는데, 일반 공지는 등록 개수 제한이 없으며 중요 공지는 2개까지 설정할 수 있다.

ⓐ 새로운 글을 작성하여 공지: [글쓰기] > [글쓰기 설정] > [공지로 등록]을 켜짐(ON)으로 설정하면 되며, 공지 종료일 설정 메뉴가 노출되어 종료일과 시간을 설정할 수 있다. 또한 켜짐(ON)으로 설정한 후에는 [중요 공지로 등록]을 할 수도 있다.

ⓑ 이미 등록된 게시 글을 공지: 공지하려는 게시 글의 오른쪽 위 [⋮] > [공지로 등록]을 켜짐(ON)으로 설정하면 된다.

③ 밴드에 등록한 컨텐츠(contents) 혹은 상품에 대한 홍보를 진행할 때에는 [그림 10-2]에서 확인할 수 있는 [주소복사]를 활

[그림 10-3] 중요 공지로 등록

용하면 되는데, 제2장의 [3. 텍스트 혹은 이미지를 클릭하여 링크시키기]에 있는 HTML 명령어를 활용하여 밴드에 등록되어 있는 컨텐츠(contents) 혹은 상품 홍보 페이지로 링크(link)를 시킬 수 있다.

④ 밴드에 등록된 상품의 홍보 및 매출 향상을 위해서는 광고(ad.band.us)를 적극 활용하는 것이 필요한데, 밴드에서 진행할 수 있는 광고는 4가지로 구분할 수 있다.

ⓐ 소셜 광고

ⓑ 알림 광고

ⓒ 디스플레이 광고

ⓓ 네이티브 광고

⑤ 기업에서 운영하고 있는 웹 사이트 혹은 다양한 SNS에서 밴드에 등록되어 상품을 홍보하거나 구매할 수 있도록 HTML 명령어에 의한 연동이 가능하며, 아울러 유튜브(YouTube)에 등록되어 있는 홍보용 동영상(UCC)의 'Comments'에 밴드에 등록되어 있는 상품의 주소를 등록하는 것도 생각할 수 있다. 즉, 위에서 설명한 상품의 [주소복사]를 활용하여 직·간접적으로 홍보하는 것이 가능하다.

⑥ 밴드에서는 [2020 신학기 밴드 캠페인]을 통해 출석 체크, 라이브 방송, 과제 제출 등 온라인 수업에 필요한 각종 기능 등을 무료로 제공하고 있는데(아시아타임즈, 2020.4.19.), 밴드가 제공하고 있는 라이브 방송을 활용하여 TV홈쇼핑과 같이 다양한 상품의 홍보 혹은 판매가 가능하게 되었다([그림 10-4] 참고). 이에 대한 자세한 내용은 [쉬운 온라인 수업을 위한 밴드 라이브

[그림 10-4] 밴드의 라이브 방송

및 사용 가이드]를 검색하여 확인할 수 있는데, 상품을 홍보하거나 판매하기 위한 목적으로도 활용할 수 있다.

⑦ 네이버 밴드를 활용한 홍보 및 창업 사례는 다음과 같은데, 상품판매를 하려는 경우에는 아래의 밴드에서 벤치마킹(benchmarking)을 하면 된다.

ⓐ 남 다른 운동화 소호리(band.us/band/60936616)에서는 일본에서 직수입한 신발 및 의류 등을 오프라인에서 운영하고 있는 점포와 연계하여 판매하고 있다.

ⓑ 이쁘자나(band.us/band/61332536)에서는 여성의류를 전문적으로 판매하고 있는데, 상품을 판매하고 싶은 입점자도 모집하고 있다.

ⓒ 뽑기상품판매(band.us/band/57926333)에서는 뽑기를 하여 필요 없거나 사용하지 않는 상품을 판매하고 있다.

ⓓ 2022년을 기준으로 밴드명이나 밴드 소개에 '과일가게' 관련 키워드를 표시하고 활동하고 있는 밴드 수는 9,000여개, '반찬가게' 관련 키워드를 표시하고 활동하고 있는 밴드 수는 7,000여개가 운영되고 있는 것으로 조사되었으며(전자신문, 2023. 1.3.), 이러한 밴드들을 조사 및 분석해 보는 것은 밴드를 활용한 홍보뿐만 아니라 상품판매에도 많은 도움이 될 것이다.

☞ [YouTube 채널: 김영문_travel_and_sbiz]

유튜브(YouTube)에 등록되어 있는 제10장의 밴드(Band)와 관련된 동영상 강좌는 다음과 같은데, 직접 밴드를 만들어서 홍보하고 싶은 상품을 직접 등록해 보는 것이 필요하다.

① 밴드 만들고 운영하기

② 밴드(Band)를 활용한 인터넷창업

2. 트위터(Twitter)

트위터는 2006년 7월에 서비스를 시작하였으며, 사용자는 2022년 12월을 기준으로 2억3800만명으로 조사되었다(글로벌이코노믹, 2022.12.21.). 이에 반하여 경쟁자라고 할 수 있는 마스토돈(Mastodon)의 경우에는 2022년 11월을 기준으로 250만 명으로 조사되었다.

(1) 트위터의 개념 및 주요 기능

트위터(Twitter)는 블로그의 인터페이스(interface)와 미니홈페이지의 친구 맺기 기능, 메신저 기능을 한데 모아놓은 소셜 네트워크 서비스(Social Network Service ; SNS)라고 할 수 있다(네이버 용어사전, terms.naver.com). 트위터의 주요 기능은 다음과 같으며, 구체적인 사용 방법은 트위터 고객센터(help.twitter.com/ko)에서 검색 및 확인할 수 있다.

① **트윗하기**: 기존에는 140자 이내의 단문과 더불어 사진, 동영상 등을 등록할 수 있었지만, 2017년 11월 7일부터는 280자 확장을 전 세계에 순차적으로 적용했다. 한편, 트윗을 하는 절차는 다음과 같다(help.twitter.com/ko/using-twitter/how-to-tweet).

ⓐ 1단계: 홈 타임라인 상단의 트윗 작성 상자에 트윗 내용을 입력하거나 탐색 막대에서 [트윗하기] 버튼을 클릭한다.

ⓑ 2단계: 트윗에 사진 4장, GIF 1개 또는 동영상 1개까지 넣을 수 있다.

ⓒ 3단계: 프로필에 트윗을 올리려면 트윗하기 버튼을 클릭한다.

② **팔로잉**(following): 페이스북(프로필, 개인계정)이 친구 신청 및 승인 절차가 필요한 데 반하여 트위터는 상대방의 동의 없이 내가 원하는 사람들을 친구로 추가하여 그 사람이 등록한 글 혹은 사진들을 볼 수 있다.

③ **팔로워**(followers): 나의 소식을 전해 듣고자 하는 사람이 나를 친구로 추가하는 것을 말한다.

④ **리트윗**(RT): 트위터의 가장 대표적인 기능이라고 할 수 있으며, 다른 사람이 등록한 글들을 나의 팔로워(followers)들에게 공유하는 기능이다. 리트윗(RT) 기능을 잘 활용하면, 많은 사람들에게 홍보를 할 수 있는 장점이 있다.

또한, 트위터(twitter)를 활용하여 홍보뿐만 아니라 판매를 할 때에 생각해야 할 것은 다음과 같다.

① 판매하고자 하는 상품의 사진 및 동영상을 첨부할 수 있다.

② 트위터에 상품을 등록할 때마다 해시태그(#)를 활용함으로써 조회 수가 증가되도록 할 수 있다.

(2) 트위터의 사용 방법

트위터를 처음 사용하려고 할 때에는 트위터에 가입을 해야 하는데, 자세한 내용은 [고객센터(help.twitter.com/ko) > Twitter 사용 > Twitter 가입하기]에서 확인할 수 있다. 또한 트위터의 다양한 사용 방법에 대해서는 아래의 사이트를 참고하면 된다.

① 트위터 사용방법 초보자용(blog.naver.com/dodo532565-/22296312789)

② 리트윗(Retweet)하기(blog.naver.com/itexpert2007/30086427255)

③ 트위터 사용법(blog.naver.com/itexpert2007)

또한 정봉순의 스마트 라이프(blog.naver.com/itexpert2007)에는 트위터의 효과적인 활용에 필요한 다양하고 유익한 정보가 있다. 트위터를 처음 사용하는 경우에는 아래의 정보들을 확인한 후에 사용하는 것이 필요하다.

① 트윗의 종류

② 리트윗하기 및 쪽지 보내기

③ 트윗에 사진 첨부하기

④ 트위터피드를 이용하여 블로그와 트위터 연동하기

⑤ 트윗풀을 이용하여 트위터에서 설문 조사하기

⑥ 트윗비드를 이용하여 트위터에 동영상 올리기

⑦ 유튜브에서 트위터로 동영상 보내기

⑧ 블로그 및 웹 사이트에 트위트 위젯 달기

⑨ 트위터 아이디 변경 방법

⑩ 트위터 배경화면 무료 제공 사이트

(3) 트위터를 활용한 마케팅 및 광고

아직 많은 트위터 유저들은 트위터를 인맥형성 및 교류를 위한 SNS로써 활용하고 있지만, 기업의 입장에서는 홍보와 마케팅의 수단으로 활용하고 있는 실정이다. 먼저 저자의 트위터는 [그림 10-5]와 같은데 트위터를 활용하여 인맥형성 및 홍보를 체계적으로 진행하기 위해서는 다양한 홍보 및 활용 사례들을 찾아보는 것이 필요할 것이다. 한편, 트위터를 활용한 주요 홍보 및 창업의 사례는 다음과 같다.

① 신나라레코드(twitter.com/synnararecord)에서는 음반 관련 상품을 신나라레코드 앱(m.synnara.co.kr)과 연동시켜서 판매하고 있다.

② 이딴가게(twitter.com/ittanstore)에서는 피규어(figure) 제품들을 이딴가게(ittanstore.com)와 연동시켜서 판매하고 있다.

③ 애니플러스(twitter.com/ANIPLUSTV)에서는 일본의 애니메이션을 애니플러스(www.aniplustv.com)에서 연계시켜서 컨텐츠 유

[그림 10-5] 트위터

통 사업과 상품화 사업을 진행하고 있다.

④ 국내의 여러 병원들도 트위터를 적극 활용하고 있는데, 서울아산병원(@AsanMedicalNews), 경희대 동서신의학병원(@khnmc), 강남세브란스병원(@iseverance), CMC(@CMCMedicalNews), 한림대의료원(@HUMC), 건국대병원(@kuh_pr) 등이 대표적인 활용 및 성공사례이다(메디칼업저버, 2010.05.17.).

또한 트위터를 마케팅에 활용할 수 있는 방법의 하나로써 트위터를 활용하여 기업이나 웹 사이트에 더 많은 트래픽을 유도할 수 있는 방법은 다음과 같다(IT World, 2013.11.27.).

① 트위터 프로필을 최적화한다.

② 타깃 영역의 영향력자와 전문가를 찾아 정기적으로 접촉한다.

③ 동료를 참여시킨다.

④ 꾸준히 트윗을 한다.

⑤ 팔로워들에게 요청을 한다.

⑥ 멘션을 확인하고, 이에 적절히 대답을 한다.

⑦ 적극적으로 리트윗을 한다.

⑧ 트윗의 '관심글' 기능을 활용한다.

⑨ 트렌드/해시태그를 팔로우한다.

⑩ 트위터 팔로우를 대상으로 '할인'이나 '특가 상품'을 제공한다.

⑪ 이미지와 동영상을 활용한다.

⑫ '프로모티드 트윗'을 활용한다.

⑬ 트위터와 다른 마케팅 활동을 통합한다.

⑭ 트위터를 분석한다.

한편, 트위터를 활용하여 홍보뿐만 아니라 기업에서 생산하고 있는 상품들을 판매하려고 하는 경우에는 다양한 광고를 진행하는 것이 필요하며, 고객센터(help.twitter.com/ko)의 맨 아래에 있는 [광고]에서 확인할 수 있다. 트위터에서 진행할 수 있는 광고의 종류는 다음과 같이 4가지로 정리할 수 있다(오늘의 재이, 2022.5.3.).

① **트위터 플랫폼 광고**: 광고주가 트위터에 돈을 지불해서 플랫폼에 광고를 게시한다.

② **인플루언서 협찬**: 인스타그램과 유사한 방식의 협찬 광고를 트위터에서 진행한다.

③ **바이럴 트윗 광고**: 바이럴 트윗 광고는 제품의 협찬 및 광고 사실을 언급하지 않고 마치 직접 구매한 사람의 후기처럼 게시한다.

④ **공식 플랫폼 계정 운영**: 제품, 서비스, 또는 기업의 계정을 지속적으로 운영하며 팔로워들에게 광고 트윗을 노출하는 방법이다.

☞ [YouTube 채널: 김영문_travel_and_sbiz]

유튜브(YouTube)에 등록되어 있는 제10장의 트위터(twitter)와 관련된 동영상 강좌는 다음과 같은데, 트위터(twitter)를 개설하여 홍보하고 싶은 내용을 직접 등록해 보는 것이 필요하다.

① 트위터(twitter)

② 트위터를 활용한 인터넷창업

3. 인스타그램(Instagram)

인스타그램(Instagram)은 친구 혹은 가족과 사진, 동영상 및 메시지를 간편하고 재미있게 캡처, 수정 및 공유할 수 있도록 지원하는데, 이를 통해 인맥을 형성하고 교류할 수 있다. 또한 전국의 많은 지방자치단체에서도 인스타그램을 활용하여 시정홍보에 큰 효과를 보고 있는데, 창원시는 2021년에 제15회 대한민국소통어워즈 인터넷소통대상 기초단체부문 AAA 등급을 획득하여 전국 1위를 차지하기도 했다(뉴스1, 2022.12.20.).

인스타그램을 처음 사용하는 경우에는 사용방법을 먼저 숙지하는 것이 필요한데, 아래의 사이트에서 확인할 수 있다. 또한 고객센터(help.instagram.com)에서도 인스타그램의 사용 관련 궁금한 사항을 검색하여 살펴볼 수 있다.

① 인스타그램 사용법(min-jis.tistory.com/48): 인스타그램에서 게시물을 작성하기 위해서는 새 게시물 만들기(⊕ 아이콘)를 클릭하면 되는데, 1장 이상의 사진(혹은 이미지)을 등록한 후에 텍스트로 설명을 등록한 후에 [공유하기]를 클릭하면 된다.

② 인스타그램의 가입 및 사용방법(blog.naver.com/gursoa/222455704715)

③ 인스타그램 링크를 얻는 방법(cafe.naver.com/windows10user/

28269)

또한, 고객센터(help.instagram.com)에 접속하면 Instagram 기능(회원님의 프로필, 사진 및 동영상 공유) 외에도 Instagram 사용에서부터 비즈니스용 Instagram에 대해 구체적으로 안내하고 있는데, 인스타그램을 페이스북 페이지와 연동시켜서 상품의 홍보 및 판매를 할 수 있도록 지원하고 있다. 자세한 것은 INSTAGRAM 쇼핑(business.instagram.com/shopping)의 [설정 가이드]에서 확인할 수 있다([그림 10-6] 참고).

한편, 인스타그램에서 사진, 텍스트, 동영상 등을 활용하여 글쓰기를 하면 링크 주소가 자동으로 생성되는데, 등록한 글의 오른쪽 상단에 있는 [옵션 더 보기(More, 점3개)]를 클릭한 후에 [링크복사]에서 확인할 수 있다. 이것을 활용하면 다른 외부 사이트에서 [링크복사]를 한 주소로 링크시킬 수가 있는데, 홍보 혹은

[그림 10-6] INSTAGRAM 쇼핑

상품판매의 목적으로 효과적으로 활용할 수 있다. 예를 들어, 기업의 메인 사이트에서 홍보하고 싶은 내용 혹은 판매하고 싶은 상품이 등록되어 있는 인스타그램으로 링크(link)시킬 수가 있는데, 인스타그램을 교류 혹은 인맥형성의 차원을 넘어 비즈니스의 도구로 적극 활용할 수 있다.

☞ [참고] 인스타그램의 구체적인 사용방법 및 인스타그램을 활용한 마케팅에 대해서는 코코쥬안(cocojuan.tistory.com/961)에서 참고하면 된다.

① 인스타그램 설정

② 인스타그램 사진/글쓰기

③ 인스타그램 데이터 활용

④ 인스타그램 마케팅

☞ [YouTube 채널: 김영문_travel_and_sbiz]

유튜브(YouTube)에 등록되어 있는 제10장의 인스타그램과 관련된 동영상 강좌는 다음과 같은데, 인스타그램을 개설하여 홍보하고 싶은 내용을 직접 등록해 보는 것이 필요하다.

① 인스타그램(Instagram)을 활용한 인터넷창업

② SNS의 종류와 활용

4. 홍보를 위한 국내외 앱의 종류

요즈음 SNS를 활용하여 인맥을 형성 및 확장하고 있는 네티즌들이 폭발적으로 증가하고 있는 실정이며, 이에 따라 SNS는 인맥의 형성 차원을 넘어 홍보의 수단으로 중요한 역할을 수행하고 있는 실정이다. 예를 들어, 금호석유화학그룹에서는 2021년에 인수한 금호리조트의 홍보 영상을 금호리조트 홈페이지뿐만 아니라 다양한 SNS에 등록하여 홍보하고 있다(이데일리, 2022.12.14.).

(1) 국내 SNS앱의 종류

현재 국내에서 이용되고 있는 1-20위까지의 SNS앱을 2018년도를 기준으로 살펴보면 아래와 같다(키뉴스, 2019.01.31.). 요즈음 몇 년 전에 비해 국내에서 이용되고 있는 SNS앱들이 점차 다양화되고 있는데, 경영자의 입장에서 보면 SNS를 활용한 홍보가 더욱 다양화되고 또한 활성화될 것이라는 것을 의미한다.

① 밴드(band.us)

② 인스타그램(www.instagram.com)

③ 페이스북(www.facebook.com)

④ 카카오스토리(story.kakao.com)

⑤ 네이버 카페(cafe.naver.com)

⑥ 다음 카페(cafe.daum.net)

⑦ 네이버 블로그(blog.naver.com)

⑧ 트위터(twitter.com)

⑨ 에브리타임(everytime.kr)

⑩ 캐시슬라이드(site.cashslide.co.kr)

⑪ 텔레그램(www.telegram.org)

⑫ 텀블러(www.tumblr.com)

⑬ 트위치(app.twitch.tv)

⑭ 비트윈(between.us)

⑮ 스타일쉐어(www.styleshare.kr)

⑯ 구글플러스(plus.google.com)

⑰ 핀터레스트(www.pinterest.co.kr)

⑱ 디시인사이트(www.dcinside.com)

⑲ 디스코드(discord.com)

⑳ 허니스크린(ko.honeyscreen.com)

또한, 2020년 11월 한 달 동안 한국인이 가장 많이 사용한 SNS는 다음과 같은데, 연령별로 선호하는 SNS가 다른 것으로 조사되었다(동아일보, 2020.12.29.). 예를 들어, 10대는 페이스북(facebook)을 가장 많이 사용한 반면에 20대와 30대는 인스타그램(instagram)을 가장 많이 사용했다. 이밖에도 40대에서는 네이버 카페(cafe)가, 그리고 50대 이상에서는 네이버 밴드(band)가 1위로 조사되었다.

① 인스타그램(www.instagram.com)

② 페이스북(www.facebook.com)

③ 네이버 카페(cafe.naver.com)

④ 트위터(twitter.com)

⑤ 밴드(band.us)

⑥ 다음 카페(cafe.daum.net)

⑦ 카카오 스토리(story.kakao.com)

⑧ 네이버 블로그(blog.naver.com)

(2) 미국에서 인기 있는 SNS앱의 종류

미국에서 인기 있는 SNS 종류는 다음과 같은데(Catalk, 2018.3.12.), 2017년도 기준 미국 인구의 81%가 SNS 계정을 가지고 있다고 한다.

① 페이스북(Facebook)

② 유튜브(YouTube)

③ 트위터(Twitter)

④ 인스타그램(Instagram)

⑤ 핀터레스트(Pinterest)

⑥ 구글플러스(Google+)

⑦ 링크드인(Linkedin)

⑧ 스냅챗(Snapchat)

⑨ 텀블러(Tumblr)

⑩ 레딧(Reddit)

한편, 국내에서 이용되고 SNS와 미국에서 인기 있는 SNS가 조금 다르다는 것을 알 수 있는데, 이것은 SNS를 활용하여 국내에서 홍보 혹은 창업할 것인가 아니면 글로벌 창업을 할 것인가에 따라 홍보를 위해 활용해야 하는 SNS가 달라질 수 있다는 것을 의미한다. 즉, 목표 고객(target customer)이 선정된 후에 수행해야 하는 것은 바로 목표 고객들이 주로 어떤 SNS를 많이 사용하는가를 조사하는 것이라고 할 수 있으며, 이를 통하여 어떤 SNS를 활용하여 홍보할 것인가를 결정해야 한다.

(3) 한국인이 가장 많이 사용한 모바일 앱

2022년을 기준으로 한국인이 가장 많이 사용한 모바일 앱(애플리케이션)을 보면 아래와 같이 조사되었으며(한국경제, 2022.12.21.), 이러한 앱 중에는 홍보뿐만 아니라 상품판매의 목적으로 활용할 수 있는 앱이 있다. 또한 연령(10대 이하, 20대, 30대, 40대, 50대, 60대 이상)별로 많이 사용하고 있는 앱이 다를 수 있기 때문에, 기업의 목표 고객(target market)이 누구냐에 따라 홍보에 사용하는 주요 앱들은 달라질 수밖에 없다,

① 카카오톡
② 유튜브
③ 네이버

④ 쿠팡

⑤ 네이버 지도

⑥ 밴드

⑦ 인스타그램

⑧ 당근마켓

⑨ 배달의 민족

⑩ 삼성페이

☞ [YouTube 채널: 김영문_travel_and_sbiz]

유튜브(YouTube)에 등록되어 있는 제10장의 [기타 SNS의 개설 및 운영하기]와 관련된 동영상 강좌는 다음과 같은데, 많이 사용되고 있는 SNS를 개설하여 홍보하고 싶은 내용을 직접 등록해 보는 것이 필요하다.

① 현재 활용하고 있는 SNS

② SNS의 종류와 활용

참고문헌

[인터넷으로 홍보하기]에 관한 저서를 집필함에 있어 인용하였거나 참고한 모든 문헌에 대해서는 감사의 말씀을 드리면서, 혹시라도 참고문헌에 모두 포함하려고 하였으나 고의가 아닌 실수로 인해 누락된 참고문헌도 있을 수 있다고 생각합니다. 그러한 경우에는 메일(isoho2jobs@gmail.com)로 꼭 알려주시면, 반드시 포함시키도록 하겠습니다.

건설경제신문, "스마트폰 결제부터 주문배송 조회까지 '3S'로 통한다", 2011.05.12.

경기신문, "경기중기청, 가상 인간 활용한 '수출 동영상 홍보물' 제작 · 배포", 2022.12.22.

국제신문, "국내 3대 블로그인 티스토리 사상 초유의 나흘째 에러", 2022.10.18.

글로벌이코노믹, "'마스토돈' 가입자 폭증…트위터 대항마 부상하나", 2022.12.21.

김석주, 인터넷정복, 1997.02.20.

김영문, 카페(cafe)로 창업하기, 집현재, 2012.

김영문, 예비창업자가 꼭 알아야 하는 100가지. 법문사, 2009.

내일신문, "국가공인 중소기업 컨설팅 전문가…업무 증가 추세", 2011. 4.4.

내일신문, "민간자격증만 1842개 '자격증 홍수시대'", 2011.10.12.

뉴스토마토, "온라인 개학 첫날…'출석체크' 카카오톡 · 네이버 밴드 "서비스 원활"", 2020.04.09.

뉴스토마토, "카페 · 블로그 지고, SNS · 메신저 뜬다", 2011.09.16.

뉴시스, "'갓생 살기'에 빠진 MZ세대…네이버 '블로그'로 몰렸다", 2022.12.13.

뉴스1, "경남 창원시, '뉴미디어' 활용한 시정 홍보로 큰 효과", 2022.12.20.

뉴스1, "'원조 커뮤니티' 네이버 카페의 변신…'뜨는' 플랫폼으로", 2022.7.5.

동아일보, "한국인이 가장 오래 사용한 SNS는?", 2020.12.29.

더퍼블릭, "블로그 생산량 역대 최고치 돌파 '홈페이지형 블로그 제작' 선보여", 2020.6.16.

데일리메디, "외과의사들 카페 개설, 환자와 소통하며 마음까지 치유", 2021.8.10.

디지틀조선일보, "2020년 핫 트렌드는 '달고나'…올여름 간편하게 즐기기 좋은 '달고나' 식음료", 2020.06.10.

디지털타임즈, "링크프라이스, 모바일에 이어 돈버는 쇼핑 '라스트세이브' 웹 버전 론칭", 2017.4.20.

로이슈, "가장 맛있는 족발, 초성 퀴즈 SNS 이벤트 진행", 2023.1.4.

매일경제, "'소상공인지도사 자격증' 교육 외", 2011.1.7.

머니투데이, "'외톨이' 네이버, 검색독주 막내리나", 2011.04.18.

메디칼업저버, "트위터 활용한 병원 홍보 "주목"", 2010.05.17.

박진용, 언론과 홍보, 한국케이블TV방송협회, 2005.6.25.

베리타스알파, "대구 달구벌고, 구글 사이트 도구를 이용한 온라인 수업 접속 관리", 2020.4.8.

베타뉴스, "동영상과 사진만 있으면 작품이 뚝딱! 윈도우 라이브 무비 메이커", 2011.9.02.

베타뉴스, "한국판 페이스북 앱의 들판에도 봄은 오는가", 2011.05.11.

브릿지경제, "인터넷 홈페이지보다 저렴하고 유지 · 보수 편리한 '홈페이지형 블로그' 선호", 2017.8.9.

서울신문, "민간자격증 광고 속지 마세요", 2011.2.18.

세계일보, "페이스북 · 인스타그램 광고 본 뒤 10명 중 2명, 실제로 상품 구매", 2023.1.1.

세계일보, "컨텐츠 시장의 유료화에 따른 컨텐츠몰 창업 증가", 2011.5.31.

시사뉴스, "경상북도 예천군, 제3기 SNS 홍보단 '반딧불이'발대식", 2022.12.28.

아시아타임즈, "정보 · 통신사, '원격수업' 관련 서비스 출시…호평 잇따라", 2020.4.19.

아이뉴스24, "다음-네이트 맞손, 네이버 검색광고 독주에 '브레이크", 2011.04.14.

아이티비즈, "메이벅스, 콘텐츠 보상으로 월 30만원 수익", 2018.07.17.

연합뉴스, "10대는 웹툰 · 20대는 토스 · 40~60대 밴드 많이 사용", 2022.12.30.

오늘의 재이, "트위터 광고 종류와 성공 사례 모음", 2022.5.3.

이데일리, "'전면 재단장' 금호리조트 홍보 영상, 홈페이지 · SNS 통해 공개", 2022.12.14.

이데일리, “가맹거래사, 유망 자격증으로 평가”, 2011.5.25.
이투데이, “‘파워블로그’ 세무조사…대형까페 “나 떨고 있니?””, 2011.7.6.
전자신문, “네이버 ‘밴드’, 동네가게 쇼핑 플랫폼으로 주목”, 2023.1.3.
전자신문, ““알렉사에 비친 한국 인터넷, 갈수록 빛좋은 개살구”…상위 100대 사이트엔 한곳도 없어 ‘굴욕’”, 2011.9.7.
전자신문, “후이즈, 이미지호스팅 50메가 무료 서비스 실시”, 2005.5.23.
컨슈머타임스, “네이버-카카오 ‘라이브e커머스’ 비대면 트렌드에 ‘고공행진’”, 2021.01.21.
케이벤치 “다음 ‘팟인코더’, 스마트폰 열풍 타고 인기 상승”, 2010.2.23.
케이벤치, “재능과 독특함으로 알바를 하는 컨텐츠거래 사이트 아이끼닷컴(www.i-kki.com) 출범”, 2011.10.10.
키뉴스, “2018년 한국인이 가장 많이 이용한 SNS 앱… 1위 밴드”, 2019.01.31.
테크노아, “개인방송 시대, 동영상 편집 프로그램 어떤게 좋을까?”, 2021.12.06.
테크플러스, “페이스북, 그룹에 ‘전문가’ 지정하는 기능 도입한다”, 2021.7.15.
투피쉬, “홈페이지 만들기”, 2021.06.08.
파이낸셜뉴스, “어도비 ‘아이패드용 포토샵’ 한국어 버전 출시”, 2021.4.23.
파이낸스투데이, “창작자를 위한 수익형 포털사이트 메이벅스 ‘묻고 떠블로 가! 각종 보상 이어져’”, 2021.5.10.
한국경제, “카톡 · 유튜브 · 네이버…올해 한국인이 가장 많이 사용한 앱”,

2022.12.21.
한국경제, “잘 키운 온라인 카페 ‘대박’…럭셔리 ‘시크먼트’ 몸값 100억”, 2022.8.19.
한국경제, “포워딩서비스 인기몰이”, 2000.8.23.
한국경제, “네이버밴드 vs 카카오톡 ‘온라인 개학’ 정조준…시장선점 나섰다”, 2020.04.16.
AI타임스, “어도비, AI 기술로 포토샵 업그레이드”, 2022.10.19.
Catalk, “미국에서 인기 있는 SNS 종류 10가지”, 2018.3.12.
IT World, “트위터를 마케팅에 활용하는 14가지 방법”, 2013.11.27.
ZDNet Korea, “네이버 밴드, 10년동안 5300만개 만들어졌다”, 2022.8.26.
간단한 동영상 편집 프로그램, tonaonda.tistory.com/128
글로벌 해피투어. www.ghappytour.com
네이버 백과사전, 100.naver.com
네이버 용어사전, terms.naver.com
네이버 지식iN, kin.naver.com
네이트 지식, ask.nate.com
무료 동영상 편집 프로그램 추천 순위 best 4, blog.naver.com/ordinarykey
베타공간, blog.naver.com/edelsoft
상인창업센터, cafe.daum.net/xq
상품등록게시판 오픈!, section.cafe.naver.com/SectionNoticeList.nhn
아비브, blog.naver.com/avivad
안전한 상거래를 위한 상품등록 게시판 오픈, blog.daum.net/cafe_notice/

2016
야후 한자사전, kr.dictionary.search.yahoo.com
에디트플러스 단축키 모음과 설정하기, mainia.tistory.com/2348
에이블 블로그, www.ablenews.co.kr/Blog
여행쟁이 늑대털쓴양, blog.naver.com/hyoyeol
오픈마켓, 쇼핑앱, 소셜커머스 판매수수료 비교, blog.naver.com/kimyongwen
요베베(답례품), cafe.daum.net/yobebe2455
유통과학연구회, cafe.daum.net/esohobiz
위키백과, ko.wikipedia.org
자격의 모든 것, q-net.or.kr
조미정의 인견장터, cafe.daum.net/rayonmart
창업길라잡이 카페, cafe.daum.net/isoho2jobs
팟인코더, tvpot.daum.net/application/PotEncoder.do
페이스북 고객센터, www.facebook.com/help
포토샵 초보자가 알면 더 좋은 포토샵 단축키 모음, www.sindohblog.com
타블로, blog.naver.com/readpass
해시넷 위키, "메이벅스", wiki.hash.kr
HTML 명령어, blog.naver.com/dml21wjd
blog.naver.com/alice8565/221389521114
blog.naver.com/edelsoft
blog.naver.com/eh919/222510835972
blog.naver.com/wildnan

creative-soul.tistory.com

data-flow.co.kr/marketing/homeblog

help.twitter.com/ko/using-twitter

help.twitter.com/ko/using-twitter/how-to-tweet

how-to-learn.tistory.com)

ndb796.tistory.com/452

post.naver.com/my.naver?memberNo=12179716

thirdhz7.tistory.com/139

ryun1004.tistory.com/739

youtu.be/RJCM_oHqSIs

www.gomlab.com/gommix-video-editing

www.youtube.com/@user-kr1hu8he1r

인터넷으로 홍보하기

초판인쇄 | 2023년 2월 6일
초판발행 | 2023년 2월 13일

저 자 | 김 영 문
발 행 인 | 위 호 준
발 행 처 | 도서출판 **집현재**
04091 서울특별시 마포구 토정로 222
한국출판콘텐츠센터 422-8호
전화 (02)332-4922 Fax (02)6442-6906
홈페이지: www.jhjbook.co.kr
e-mail: jyp4922@naver.com

출판등록 | 2010년 10월 22일
등록번호 | 제105-91-57581호

정가 15,000원 ISBN 979-11-92436-08-1